大学生职业规划
素养基础（电力类）

主编　李琳

中国水利水电出版社
www.waterpub.com.cn

·北京·

内 容 提 要

本教材主张在教学中以学生为中心，充分尊重高等职业院校学生的认知规律和学习特点，引导学生树立职业生涯发展的自主意识，树立积极正确的人生观、价值观和择业观。采用项目化的方式将内容分为十个项目，包括我是水院人、爱己所学、快乐"心"相伴、榜样力量、"我"的职业、让你记住我、职来职往、自我"保护"、我想当"老板"、公考技巧。通过职业生涯相关理论知识的学习和实践锻炼，帮助学生唤醒职业规划意识，掌握职业素养能力提升的途径，引导学生注重提高个人社会实践能力和职业素养。

教材语言通俗易懂、内容丰富翔实，实用性强，具有很强的实践性。书中除涵盖职业规划相关内容外，还对电力专业基础知识进行了铺垫陈述，为学生专业课程的学习打下了基础。

本教材适合高等职业院校电力相关专业的学生使用。

图书在版编目（CIP）数据

大学生职业规划素养基础. 电力类 / 李琳主编. --
北京：中国水利水电出版社，2023.8
ISBN 978-7-5226-1742-8

Ⅰ. ①大… Ⅱ. ①李… Ⅲ. ①电力工业－大学生－职业选择 Ⅳ. ①G647.38

中国国家版本馆CIP数据核字(2023)第150476号

书　　名	大学生职业规划素养基础（电力类） DAXUESHENG ZHIYE GUIHUA SUYANG JICHU (DIANLI LEI)
作　　者	主编　李　琳
出版发行	中国水利水电出版社 （北京市海淀区玉渊潭南路 1 号 D 座　100038） 网址：www.waterpub.com.cn E - mail：sales@mwr.gov.cn 电话：（010）68545888（营销中心）
经　　售	北京科水图书销售有限公司 电话：（010）68545874、63202643 全国各地新华书店和相关出版物销售网点
排　　版	中国水利水电出版社微机排版中心
印　　刷	天津嘉恒印务有限公司
规　　格	184mm×260mm　16 开本　11.25 印张　274 千字
版　　次	2023 年 8 月第 1 版　2023 年 8 月第 1 次印刷
印　　数	0001—3000 册
定　　价	**39.00 元**

前　言

　　职业素养是指人类在社会活动中需要遵守的行为规范，是职业内在的规范和要求，是在职业过程中表现出来的综合素质。随着高等职业教育发展迅速，就业市场竞争也日益激烈，用人单位对毕业生的素养尤其是职业素养提出了更高的要求，因此良好的职业素养已成为职业准入必不可少的通行证之一。只有不断提高学生的职业素养，才能让高职学生在未来就业市场中立足并占有一席之地。

　　《大学生职业规划素养基础（电力类）》采用项目化的设计方式，从了解校史校情及提高电力类学生专业意识出发，以个体职业生涯发展进程为逻辑过程，从自我认知、职业生涯规划到求职礼仪、企业实践以及创新创业、就业权益等内容做了基础性指导。内容包括我是水院人、爱己所学、快乐"心"相伴、榜样力量、"我"的职业、让你记住我、职来职往、自我"保护"、我想当"老板"、公考技巧十个项目，并且插入了"案例故事""知识链接"等，力求将知识性与趣味性相结合，也使得教材更丰满、更充实。教材着力创新格式体例，主要特色是实用性和体验性，既便于教学、更便于学生学习，无论是课堂体验与感受，还是职场案例分析及职业测试，都立足于方便学生自己去感受、尝试与探索。基本宗旨是引导高职大学生调整自身心态应对激烈的竞争，增进职业认知，进一步增加学习动力，做好迎接职场挑战与机会的准备。

　　本书由李琳担任主编，参编人员及其具体分工如下：项目一、项目二、项目四、项目六（任务一、二）、项目七由李琳撰写；项目三、项目五（任务二）、项目六（任务三）由庄立薇撰写；项目五（任务一、三）、项目八、项目九、项目十由余森海撰写。全书由李琳统稿、修稿；由许培德、杨武盖审阅定稿。感谢所有为本书付出辛劳、提供支持与帮助的人。本教材在编写过程中参阅并借鉴了部分国内外相关的教材与资料，在此一并致以诚挚的谢意。由于经验和水平有限，本书在编写过程中难免存在疏漏和不妥之处，诚恳期待专家学者指导，并欢迎读者批评指正。

编者

2023 年 5 月

目 录

项目一　我是水院人

项目描述

了解校史校情，破解水院"DNA"

亲爱的同学们，从踏入水电学院的大门起，你们将在这个和谐美丽的山水生态校园开启新的人生旅程！翻开水电学院近百年的办学历史，几代水院人始终秉持志存高远、敢为人先、沉稳刚毅、锐意进取的优秀品质，遵循"依法治校，以德立教，以人为本，特色兴校"的办学理念，让同学们在"精求技能，崇尚文明"的校训精神中成长成才；以"上善若水、厚德载物"的水文化为校园内涵建设，形成了鲜明的办学特色，逐步成为一所以水利类、电力类专业（群）为主要特色，建筑类、机电类、电子信息类专业（群）协调发展的高职院校。

经过几代人艰苦创业和努力奋斗的福建水院，励精图治，奋发进取，多年来为国家和地方经济社会发展输送了数以万计的水利电力和相关专业人才，他们在各自的专业领域发光发热、美誉满载。你们也将继续传承水院精神，将来在更大的舞台上崭露头角、努力拼搏、改变世界。

相信在未来的几年，你们会认真学习专业本领，努力掌握专业技能，在提升个人素质基础上，不断充实自己的头脑，不断完善自己的品行，努力成为更好的自己。同学们，水院已经成为你们新的家园，如何度过在水院的学习生涯，将对你们未来的人生有着重要的影响。

让我们共同走近水院，了解水院，成为真正的水院人。

任务一　初　识　水　院

任务目标

能力目标：认识水院，了解水院建校历史，增强对水院的情感；熟悉水院现阶段概况，进一步提升作为水院人的自豪感。

知识目标：熟知校史，掌握学校现状。

素质目标：通过对校史内容的学习，使学生接受学校文化的熏陶，提高学生的人文素质，培养学生对美好生活的向往，对事业的执着追求。

任务描述

校史是对一所学校发展轨迹的真实记录，记载着学校创建、发展、壮大的历程；是大

1

学办学特色和大学精神的重要体现，对创建高水平大学具有重要意义。入学后，首先进行校史校情学习，有利于对学生进行学校传统教育和优良校风教育，也有利于增强校友对母校的认同感和凝聚力。

知识准备

福建水利电力职业技术学院是福建省唯一一所以水利、电力为主要专业特色，建筑类、机电类、电子信息类专业协调发展的全日制公办普通高等职业院校。学院是福建省教育厅和水利厅共建单位，是国家优质专科高等职业院校、全国优质水利高等职业院校和福建省示范性现代职业院校重点建设单位。在90多年的职业教育办学历史中，学院为国家培养了近10万名毕业生，许多学子成为当地水利、电力等行业的技术骨干或领头人，在社会上享有"福建水电人才摇篮"的美誉。

（一）水院之源

福建水利电力职业技术学院始建于1929年，原址福建莆田东山，最初为"私立莆田职业中学"。1956年由福建省人民政府接办，更名为"福建水利学校"，同年7月迁址三明永安。1966年停办。1978年党的十一届三中全会以来，学校各方面的工作都以新的面貌展现出来。20世纪70年代末学校复办前期，百废待兴。领导班子因势制宜确立了"严以治校"的办学原则，要求"思想教育要从严，要有严格的组织纪律，要有严格的岗位责任制，要有严密的奖惩制度"，富有远见地提出"立足福建，念好山海经，立足水电专业，环顾邻近专业""不仅要办好全日制教育，还要把学校办成水电技术干部培训和轮训的基地"的发展战略构想。短短的几年间，学校办学水平发生了质的飞跃：1980年，被教育部确定为全国重点中专学校。1989年，学校复办以后第一次招收四年制初中毕业生。1995年，荣获"第五届福建省文明单位"，由此开创了学校连续九届荣获福建省文明学校的先河。2003年，经福建省人民政府批准，学校升格为高职院校，定名"福建水利电力职业技术学院"。

【案例故事】

孕育到重生——与永安结缘

1929年，关陈蓍怀着"教育报国"的热忱，与林步堂等人倾囊创立福建水利电力职业技术学院前身私立莆田职业中学，然时局维艰，办学经费奇缺。第三任校长林兆麟不得已只身赴马来西亚募集经费，却因抗日战争全面爆发，募捐、回国重重受阻。直至中华人民共和国成立，学校才迎来了新生。

中华人民共和国成立后，华侨领袖陈嘉庚先生非常关心福建发展，提出建设鹰厦铁路，并建议结合鹰厦铁路兴修水利以促进沿线地区发展。福建省当时尚无水利专业学校，经多方遴选，省政府决定接办福建水院，改名福建省水利学校，并迁址永安。在1960年学院还一度升格为本科。1966年学校停止招生。

直到1978年，党的十一届三中全会的召开，学院沐浴着改革春风，在上级的支持下，克服种种困难，如期招收了新生，并于1980年被评为全国重点中专校，以踏实的工作作风为学院的后续发展打下了良好的基础。

（二）内涵发展到跨越发展

进入21世纪，学校加快了发展的步伐，2003年，学校顺利升格为"福建水利电力职业技术学院"，首批接受并通过了福建省教育厅组织的高职人才培养工作水平评估，实现了中专办学到高职办学的转型。2003年升格初期，学校提出"依法治校、以德立教、以人为本、特色兴校"的办学理念，推行以全日制高等职业为主体，以成人学历教育和职业技术培训为两翼，突出技能性，坚持为职业教育服务的"一体两翼"办学模式。经过三年"上水平，创特色，增效益"的艰苦奋斗，同1978年相比，2006年在校全日制学生由444人增加到3004人，专任教师由139人增加到242人。

2006年通过评估后，福建水院人以高度的历史责任感和使命感投入到争创"福建省示范性高等职业院校"中，提出了"走以提高质量、改善结构、特色取胜为主的内涵式发展之路"和"规模适度，特色鲜明，争创优质"的发展思路。制订了"两个三年"计划，即通过3年建设，以申创福建省示范性高等职业院校为抓手，到2010年在办学实力、教学质量、管理水平、办学效益和服务辐射能力等方面有较大提高，再通过3年时间建成省示范校。在短短的6年时间里，学校在2008年动工兴建新校区，同期入围省级示范性高职院校建设单位，2013年通过"福建省示范性高等职业院校"验收。

2014年学校整体搬迁至永安巴溪湾校区。学院巴溪湾校区是经福建省水利厅、永安市人民政府批准建设的省重点项目，自2007年11月开始启动新校区建设工作以来，在省水利厅、省教育厅、三明市、永安市的大力支持和帮助下，全体教职员工艰苦奋斗、锐意进取，在选址、规划、立项、征地、迁坟、推土、建设、融资等方面克服了重重困难，于2010年10月18日进行开工剪彩，取得实质性进展，2014年11月实现了整体搬迁。项目总投资近5亿元，总建筑面积17.5万 m^2，主要建设教学楼、实验（实训）楼、图书馆、行政楼、体育馆、学生公寓、学生食堂、田径运动场等设施。新校区按全日制在校生1.2

万人规划，占地面积 1066 亩。新校区沿着"以人为本、山水生态、职教特色"的建设理念，形成融合实训、景观、教育、文化为一体的大职场，逐步形成生态环境优美、配套设施完善的现代化绿色校园。

党的十八大以来，富有改革创新精神的学校领导班子以习近平新时代中国特色社会主义思想为指导，提出按照现代教育理念规律办学，用先进办学思想推动学校跨越式发展。2016 年、2017 年连续两年被确定为省级示范性现代职业院校 A 类培育项目单位，2018 年被确定为"福建省示范性现代职业院校 2018 年重点建设院校"，并在 2020 年以优异成绩通过"福建省示范性现代职业院校建设工程"终期评估验收。目前，学校在习近平新时代中国特色社会主义思想的指导下，真抓实干，铁心拼搏，努力书写职业教育改革发展创新的奋进之笔，朝着特色鲜明的优质高职院校的奋斗目标坚实迈进。

任务实施

步骤一：了解福建水院创办的初衷及艰辛过程。

通过了解学校办学的艰辛及发展历程，引导学生珍惜当下，立足现实，面向未来，脚踏实地努力奋斗，全面规划有意义的人生，踏上新征程，去实现自己的人生价值。

步骤二：了解学院发展现状。

母校是人们对自己曾经毕业或肄业的学校的一种称谓，饱含感激之情。通过对即将学习、生活三年的学校进行深入了解，引导学生知校爱校，以校为荣，增强作为水院学子的自豪感。

实战演练

参观学院党建基地暨校史馆，尝试简单介绍学院发展情况。

思考训练

回顾高考填报志愿的场景，分享报考福建水院的心路历程。

任务二　传承水院之魂

任务目标

能力目标：认识水院校标，了解校标设计理念；了解水院校风，增强校园文化的影响力和感召力；了解水院校训，深刻体会其中蕴含的文化底蕴与精神追求；了解水院校歌，挖掘其中体现的水院文化和人文精神。

知识目标：熟知校风、校训及校歌内容并准确释义。

素质目标：通过对校风、校训及校歌内容的学习了解，使学生了解学校教书育人的理念，了解学校整体精神风貌；培养学生树立高尚的职业道德，进一步提升学生的人文素养。

任务描述

大学精神文化是大学人在长期的办学实践中逐渐积淀、凝练而成的精神成果，它体现着大学的办学理想及其作为学术共同体的价值诉求。

福建水院近百年的办学历程始终坚持以水的优秀品格培养"精益求精"的优秀工匠。20 世纪 30 年代就提出具有水之义德的"亲爱精神"，80 年代提出"踏遍八闽青山绿水，青春奉献水利事业"的口号，成为"水院人"献身水电事业的旗帜。组建高职后，围绕"上善若水，厚德载物"的水文化精髓，凝练出"平凡中上善若水、平淡中厚德载物、平和中勇往直前、平静中润物无声"的"四平"情怀，并从 20 世纪 30 年代创作的校歌中提炼出"精求技能，崇尚文明"的校训精神，达到"若水的教育，上善的人"的教育目的。水院的校标、校风、校训和校歌，是属于水院精神文化中最高的精神文化层次，掌握这些重要元素对大学生的立德成才具有非常重要的作用。

知识准备

一、水院校标

校标，作为校训和校风的重要载体，是一种空间的艺术造型。既结合学校特征又富有思想内容的好校标本身，不仅使师生在可以感触的艺术形象中受到美的感染，热爱自己的志向，而且会捍卫它的尊严。

校标的上部分由奔腾的水流、水花与电力标志构成，也是"福建水利电力"第一个拼音字母 F、J、S、L、D、L 的变形组合；下部分既是一本打开的书，也是一片广阔蔚蓝的海洋，还是一只展翅的雄鹰。

福建水利电力职业
技术学院校标

上部分图形相互紧扣、呼应，具有强烈的动感，既突出水利、电力类特色专业，又象征福建水院各类专业紧密联系、协调发展，全院师生积极进取，奋发向上；下部分图形整齐有序，象征着学校和知识的海洋，也寓意学院如一只矫健的雄鹰正展翅翱翔，三道线条代表严谨的教风、积极的学风、优良的校风。

从整体上看，标志的上部分代表全日制高等职业技术学历教育的主体，下部分张开的两翼分别代表成人学历教育和职业技术培训。

蓝、白两色的主色调，与"中国水利"标志色调一致，表示学院与水利事业紧密联系、共同发展。

二、水院校风——上善若水　厚德载物

福建水院 90 年办学历史，与水结下了不解之缘，水的文化深刻地影响着福建水院的价值追求。在长期的行业办学中，水院人把水利行业精神与水的深度融合，凝练出"上善若水、厚德载物"的校风内涵，并成为水院特色文化的精髓。"若水的教育，培养上善的人"的育人目标成为全院广大师生的共同追求。

上善若水：出自老子《道德经》——水善利万物而不争，处众人之所恶，故几于道。在学院办学发展的历程中，教育引导师生的善行要像水的品性，泽被万物而不争名利。

厚德载物：出自《周易·坤》——君子以厚德载物。在学院办学发展的历程中，教育引导师生要像君子一样增厚美德，容载万物，雅量容人。

三、水院校训——精求技能　崇尚文明

学院校训于 2005 年经广泛征集意见，由教代会充分讨论后确定。本校训系从学校前身莆田县私立东山职业学校校歌和学校校史中提炼而来。校训文字精练朴实，但含义深刻，既符合学院坚守职业教育的办学初心，又紧扣水利电力的行业特色。

"精求技能"意为努力学习，一丝不苟，掌握技能，精益求精。用来勉励广大师生要努力弘扬工匠精神、精进专业技能，惜时如金、发奋钻研。"崇尚文明"意为明礼诚信，勤俭自强，尊重自然，和谐发展。用来激励广大师生不断提高自身的品德修养和道德水平，做到理想崇高、信念坚定、情操高尚、人格完善。

"精求技能、崇尚文明"就是希望全校师生树立崇高理想，培育高尚品格，弘扬工匠精神，谨记职业操守。培养德智体美劳全面发展的社会主义建设者和接班人，不仅要把学生培养成国家急需的技术技能型人才，还要使之成为具有高尚品德，促进人水和谐、人与自然和谐的人类文明的建设者。

本校训蕴含了教育的科学精神和人文精神，凝练了学校的办学方向，凸显了学院职教特点和行业特色，更体现了人才培养和社会服务的价值追求。

四、水院校歌

福建水电学院历史悠久，积淀深厚。虽然历尽沧桑，几度更迭，却在不断地发展壮大，也传承了许多优秀的文化。20 世纪 30 年代末，由当时学校教师后来的校长谢松涛老师作词、林蕴章老师作曲，创作了《东山职业学校校歌》，旨在激励同学们刻苦学习，培养艰苦朴素、勤奋踏实、精求技能、崇尚文明的精神。

福建水利电力职业技术学院校歌
(原东山职业学校校歌)

谢松涛 词
林蕴章 曲

$\frac{4}{4}$

```
0 0 0  5 5 | 1·3  3·2 | 12  3— 5 5 | 5·4  32 3 5 |
       青青 草原 平铺 在 前 清丽 东山 雄峙 在
       精求 你的 专门 技 能 养成 你的 高尚 精

2 — —  3 4 | 3·2 2 1 | 66 6 — 5 1 | 3·5  1  3·2 |
背     这里 呀是 我们 校园 是作 息的 摇 篮 所
神     将来 呀为 人类 社会 尽些 儿力 创 造 文

1 — —  5 5 | 5—5 6 5 4 | 5— — 5 1 | 3·3  3  2 1 |
在     有我 们 亲爱 的同 学  哥哥 弟 弟 姐姐
明     愿都 有 相当 的职 业  神圣 劳 动 劳动

2 2 2 — 5 1 | 3·3  2 1 | 1·6 6 5 1 | 3·3  3  2 |
妹妹    在这 和煦 的  空气 里 切磋 磨 励 互相
神圣    在这 大同 的  世界 里 各取 所 需 各尽

2  7  1  1 | 1 — — — ‖
敬  爱
所  能
```

校歌视频：

任务实施

步骤一：了解福建水院校风、校训。

通过对福建水院校风、校训释义内容的学习，充分发挥校园文化凝聚人心、激励人心、提升内涵的作用，初步建立学生对学校的归属感，将校风、校训、校歌学习与理想信念教育、爱校教育紧密结合起来，引导学生将爱校、荣校之情化为成长的动力，努力成为新时代的接班人。

步骤二：学唱校歌。

学院校歌的歌词朝气蓬勃，寓意深长，体现了高职院校的特色，而且把校训和学校精神都融入其中。通过学唱校歌，引导学生唱出对水院的真情，在真情的歌唱中延续真实的行动。

实战演练

参观校园，调动积极探索校园的热情，发掘校园内隐藏的关于校风、校训的关键词及校园文化。

思考训练

在校训的内涵引领下，思考自己如何度过大学三年的学习生活。

项目二 爱己所学

任务一 电 力 工 业 起 源

任务目标

  能力目标：了解发现电的起源，使大学生对自己所学专业有初步认识；熟悉电力设备基本分类和作用。

  知识目标：了解电力工业的起源和发展。

  素质目标：培养大学生对专业基础和起源的认识能力，拓展专业基础知识面。

任务描述

  电力工程系主要培养在电子整机、家用电器、智能化仪器等行业从事生产、服务和管理第一线的应用型高等职业技术人员和管理人员的专业。要进入该专业学习，首先要了解什么是电，它对我们生活工作方方面面的作用，这部分内容将介绍人类发电的过程，以及如何一步一步创造出发电机、用电设备。最后介绍现今常见的发电方式。

知识准备

  一、公元前的琥珀和磁石

  希腊七贤中有一位名叫泰勒斯的哲学家。公元前 600 年前后，泰勒斯看到当时的希腊人通过摩擦琥珀吸引羽毛、用磁铁矿石吸引铁片的现象，曾对其原因进行过一番思考。据说他的解释是："万物皆有灵。磁吸铁，故磁有灵。"这里所说的"磁"就是磁铁矿石。希腊人把琥珀叫作"elektron"（与英文"电"同音）。他们从波罗的海沿岸进口琥珀，用来制作手镯和其他首饰。当时的宝石商们也知道摩擦琥珀能吸引羽毛，不过他们认为那是神灵或者魔力的作用。在东方，中国人民早在公元前 2500 年前后就已经具有天然的磁石知识。据《吕氏春秋》一书记载，中国在公元前 1000 年前后就已经有了指南针，他们在古代就已经用磁针来辨别方向了。

  二、磁，静电

  通常所说的摩擦起电，在公元前人们只知道它是一种现象。很长时间里，关于这一种现象的认识并没有进展。而罗盘则在 13 世纪就已经在航海中得到了应用。那时的罗盘是把加工成针形的磁铁矿石放在秸秆里，使之能浮在水面上。到了 14 世纪初，又制成了用绳子把磁针吊起来的航海罗盘。这种罗盘在 1492 年哥伦布发现美洲新大陆以及 1519 年麦哲伦发现环绕地球一周的航线时发挥了重要的作用。

（一）磁，静电与吉尔伯特

英国人吉尔伯特是伊丽莎白女王的御医，他在当医生的同时也对磁进行了研究。他总结了多年来关于磁的实验结果，于 1600 年出了一本名为"论磁学"的书。书中指出地球本身就是一块大磁石，并且阐述了罗盘的磁倾角问题。

吉尔伯特还研究了摩擦琥珀吸引羽毛的现象，指出这种现象不仅存在于琥珀上，而且存在于硫黄、毛皮、陶瓷、火漆、纸、丝绸、金属、橡胶等可以摩擦起电的物质系列中。把这个系列中的两种物质相互摩擦，系列中排在前面的物质将带正电，排在后面的物质将带负电。

那时候主要的研究方法就是思考，而他主张真正的研究应该以实验为基础。他提出这种主张并付诸实践，在这点上，可以说吉尔伯特是近代科学研究方法的开创者。

（二）雷和静电

在公元前的中国，打雷被认为是神的行为。传说有五位司雷电的神仙，其长者称为雷祖，雷祖之下是雷公和电母。打雷就是雷公在天上敲大鼓，闪电就是电母用两面镜子把光射向下界。在西方的亚里士多德时代，认为雷的发生是由于大地上的水蒸气上升，形成雷雨云，雷雨云遇到冷空气凝缩而变成雷雨，同时伴随出现强光。认为雷是静电而产生的是英国人沃尔，那是 1708 年的事。1748 年，富兰克林基于同样的认识设计了避雷针。能不能用什么办法把这种静电收集起来？这个问题很多科学家都考虑过。1746 年，莱顿大学教授缪森布鲁克发明了一种存贮静电的瓶子，这就是后来很有名的"莱顿瓶"。

缪森布鲁克本来想像往瓶子里装水那样把电装进瓶子里，他首先向瓶子里灌上水，然后用一根金属丝把摩擦过的玻璃棒扔到水里。接着，他用手接触了瓶子和玻璃棒，就在那一瞬间，他被重重地"电击"了一下。据说他曾这样说过："就算是国王命令，我也不想再做这种可怕的实验了。"

富兰克林从莱顿瓶得到启示，于 1752 年 6 月做了一个把风筝放到雷雨云里去的实验。其结果，发现了雷雨云有时带正电有时带负电。这个风筝实验很有名，许多科学家都很感兴趣，也跟着做。1753 年 7 月，俄罗斯科学家利赫曼在实验中不幸遭电击身亡。通过用各种金属进行实验，意大利帕维亚大学教授伏特证明了锌、铅、锡、铁、铜、银、金、石墨是个金属电压系列，当这个系列中的两种金属相互接触时，系列中排在前面的金属带正电，排在后面的金属带负电。他把铜和锌作为两个电极置于稀硫酸中，从而发明了伏特电池。电压的单位"伏特"就是以他的名字命名的。

19 世纪初，拿破仑从意大利归来，在 1801 年把伏特召到巴黎，让他做电实验，伏特也因此获得了拿破仑授予的金质奖章和莱吉诺-多诺尔勋章。

（三）伏特电池的利用与电磁学的发展

伏特电池发明之后，各国利用这种电池进行了各种各样的实验和研究。德国进行了电解水的研究；英国化学家戴维把 2000 个伏特电池连在一起，进行了电弧放电实验。戴维的实验是在正负电极上安装木炭，通过调整电极间距离使之放电而发出强光，这就是电用于照明的开始。

1820 年，丹麦哥本哈根大学教授奥斯特在一篇论文中公布了他的一个发现：在与伏特电池连接了的导线旁边放一个磁针，磁针马上就发生偏转。俄罗斯的西林格读了这篇论文，他把线圈和磁针组合在一起，发明了电报机（1831年），这可以说是电报的开始。同一时期，法国的安培发现了关于电流周围产生的磁场方向问题的安培定律（1820年），法拉第发现了划时代的电磁感应现象（1831年），电磁学得到了飞速发展。

三、电力设备的产生

可以说，1820年奥斯特所发现的电磁作用就是电动机的起源。而1831年法拉第所发现的电磁感应就是发电机的变压器的起源。

（一）发电机

1832年，法国人毕克西发明了手摇式直流发电机，其原理是通过转动永磁体使磁通发生变化而在线圈中产生感应电动势，并把这种电动势以直流电压形式输出。

1866年，德国的西门子发明了自励式直流发电机。

1869年，比利时的格拉姆制成了环形电枢，发明了环形电枢发电机。这种发电机是用水力来转动发电机转子的，经过反复改进，于1847年得到了32kW的输出功率。

1882年，美国的戈登制造出了输出功率447kW、高3m、重22t的两相式巨型发电机。

美国的特斯拉在爱迪生公司的时候就决心开发交流电机，但由于爱迪生坚持只搞直流方式，因此他就把两相交流发电机和电动机的专利权卖给了西屋公司。1896年，特斯拉的两相交流发电机在尼亚拉发电厂开始投入使用，3750kW、5000V的交流电一直送到40km外的布法罗市。

1889年，西屋公司在俄勒冈州建设了发电厂，1892年成功地将15000V电压送到了皮茨菲尔德。

（二）电动机

1834年，俄罗斯的雅可比试制出了由电磁铁构成的直流电动机。1838年，这种电动机开动了一艘船，电动机电源用了320个电池。此外，美国的文波特和英国的戴比德逊也造出了直流电动机（1836年），用作印刷机的动力设备。由于这些电动机都以电池作为电源，所以未能广泛普及。

1887年，前文所提到的特斯拉两相交流电动机作为实用化感应电动机的发展计划开始启动。1897年，西屋公司制成了感应电动机，设立专业公司致力于电动机的普及。

（三）变压器

发电端在向外输送交流电的时候，要先把交流电电压升高，到了用电端，又得把送来的交流电电压降低。因此，变压器是必不可少的。

1831年，法拉第发现的电磁感应现象就是变压器诞生的基础。

1882年，英国的吉布斯获得了"照明与动力用配电方式"专利，其内容就是将变压器用于配电，当时所用的变压器是磁路开放式变压器。

西屋引进了吉布斯的变压器，经过研究，于1885年开发出了实用的变压器。此外，在1884年，英国的霍普金森制成了闭合磁路式变压器。

四、不同的发电方式

（一）火力发电

火力发电（thermal power，thermoelectricity power generation），是利用可燃物在燃

烧时产生的热能，通过发电动力装置转换成电能的一种发电方式。中国的煤炭资源丰富，是世界第一大煤炭生产国，年产量世界第一，整体维持在 30 亿～40 亿 t。火力发电仍有巨大潜力。火力发电是我国主要的发电方式，电站锅炉作为火力电站的三大主机设备之一，伴随着我国火电行业的发展而发展。火力发电中存在着四种型式的能量转换过程：燃料化学能—蒸汽热能—机械能—电能。

简单地说，就是利用燃料发热，使水形成高温高压过热蒸汽，然后蒸汽沿管道进入汽轮机中不断膨胀做功，冲击汽轮机转子高速旋转，带动发电机转子（电磁场）旋转，定子线圈切割磁力线发出电能，再利用升压变压器升到系统电压，与系统并网，向外输送电能。最后冷却后的蒸汽又被给水泵进一步升压送回锅炉中重复参加上述循环过程。

（二）水力发电

水力发电是研究将水能转换为电能的工程建设和生产运行等技术经济问题的科学技术。水力发电利用的水能主要是蕴藏于水体中的势能。为实现将水能转换为电能，需要兴建不同类型的水电站。

水力发电（hydroelectric power）是利用河流、湖泊等位于高处具有势能的水流至低处，将其中所含势能转换成水轮机的动能，再借水轮机为原动力，推动发电机产生电能。利用水力（具有水头）推动水力机械（水轮机）转动，将水能转变为机械能，如果在水轮机上接上另一种机械（发电机），随着水轮机转动便可发出电来，这时机械能又转变为电能。水力发电在某种意义上讲是水的势能转变成机械能，再转变成电能的过程。

（三）核能发电

核能发电（nuclear electric power generation）是利用核反应堆中核裂变所释放出的热能进行发电的方式。它与火力发电极其相似，只是以核反应堆及蒸汽发生器来代替火力发电的锅炉，以核裂变能代替矿物燃料的化学能。除沸水堆外，其他类型的动力堆都是一回路的冷却剂通过堆心加热，在蒸汽发生器中将热量传给二回路或三回路的水，然后形成蒸汽推动汽轮发电机。沸水堆则是一回路的冷却剂通过堆心加热变成 7MPa 左右的饱和蒸汽，经汽水分离并干燥后直接推动汽轮发电机。

核能发电是实现低碳发电的一种重要方式。截至 2022 年年底，全球在 33 个国家和地区共运行 422 台核电机组，总装机容量 37831.4 万 kW。全球在 18 个国家在建 57 台核电机组，总装机容量 5885.8 万 kW。在全球十大核电站中我国占有 5 座。

核能发电利用铀燃料进行核分裂连锁反应所产生的热，将水加热至高温高压，核反应所放出的热量较燃烧化石燃料所放出的能量要高很多（相差约百万倍），而所需要的燃料体积与火力电厂相比少很多。核能发电所使用的铀 235 只约占铀元素的 3%～4%，其余皆为无法产生核分裂的铀 238。

举例而言，核电站每年要用掉 50t 核燃料，只要 2 只标准货柜就可以运载。如果换成燃煤，则需要 515 万 t，每天要用 20t 的大卡车运 705 车才够。如果使用天然气，需要 143 万 t，相当于每天烧掉 20 万桶家用天然气。

（四）风力发电

风力发电是指把风的动能转为电能。风能是一种清洁无公害的可再生能源，很早就被人们利用，主要是通过风车来抽水、磨面等，人们感兴趣的是如何利用风来发电。利用风

11

风机

力发电非常环保，且风能蕴量巨大，因此日益受到世界各国的重视。

把风的动能转变成机械能，再把机械能转化为电能，这就是风力发电。风力发电的原理，是利用风力带动风车叶片旋转，再透过增速机将旋转的速度提升，来促使发电机发电。依据风车技术，大约是3m/s的微风速度（微风的程度）便可以开始发电。因为风力发电不需要使用燃料，也不会产生辐射或空气污染，所以风力发电正在世界上形成一股热潮。

我国的风力资源极为丰富，绝大多数地区的平均风速都在 3m/s 以上，特别是东北、西北、西南高原和沿海岛屿，平均风速更大；有的地方一年 1/3 以上的时间都是大风天。在这些地区，发展风力发电是很有前途的。

在我国，已有不少成功的中、小型风力发电装置在运转。

（五）太阳能发电

太阳能光发电是指无须通过热过程直接将光能转变为电能的发电方式。它包括光伏发电、光化学发电、光感应发电和光生物发电。光伏发电是利用太阳能级半导体电子器件有效地吸收太阳光辐射能，并使之转变成电能的直接发电方式，是当今太阳能发电的主流。用于光化学发电的有电化学光伏电池、光电解电池和光催化电池，目前得到实际应用的是电化学光伏电池。

通过水或其他工质和装置将太阳辐射能转换为电能的发电方式，称为太阳能热发电。先将太阳能转化为热能，再将热能转化成电能，它有两种转化方式：一种是将太阳热能直接转化成电能，如利用半导体或金属材料的温差发电，利用真空器件中的热电子和热电离子发电，利用碱金属热电转换，以及磁流体发电等；另一种方式是将太阳热能通过热机（如汽轮机）带动发电机发电，与常规热力发电类似，只不过其热能不是来自燃料，而是来自太阳能。太阳能热发电有多种类型，主要有以下五种：塔式系统、槽式系统、盘式系统、太阳池和太阳能塔热气流发电。前三种是聚光型太阳能热发电系统，后两种是非聚光型。一些发达国家将太阳能热发电技术作为国家研发重点，制造了数十台各种类型的太阳能热发电示范电站，已达到并网发电的实际应用水平。

（六）潮汐发电

在海湾或感潮河口，可见到海水或江水每天有两次的涨落现象，早上的称为潮，晚上的称为汐。潮汐作为一种自然现象，为人类的航海、捕捞和晒盐提供了方便。这种现象主要是由月球、太阳的引潮力以及地球自转效应所造成的。涨潮时，大量海水汹涌而来，具有很大的动能；同时，水位逐渐升高，动能转化为势能。落潮时，海水奔腾而归，水位陆续下降，势能又转化为动能。海水在运动时所具有的动能和势能统称为潮汐能。

潮汐是一种蕴藏量极大、取之不尽、用之不竭、不需开采和运输、洁净无污染的可再生能源。建设潮汐电站，不需要移民，不淹没土地，没有环境污染问题，还可以结合潮汐发电发展围垦、水生养殖和海洋化工等综合利用项目。

潮汐能的主要利用方式是潮汐发电。潮汐发电与普通水利发电原理类似，通过出水库，在涨潮时将海水储存在水库内，以势能的形式保存，然后，在落潮时放出海水，利用高、低潮位之间的落差，推动水轮机旋转，带动发电机发电。差别在于海水与河水不同，蓄积的海水落差不大，但流量较大，并且呈间歇性，从而潮汐发电的水轮机结构要适合低水头、大流量的特点。

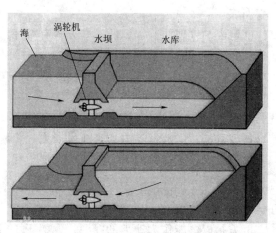

潮汐发电示意图

（七）垃圾发电

利用垃圾发电把各种垃圾收集后，首先进行分类处理。对燃烧值较高的进行高温焚烧（彻底消灭病源性生物和腐蚀性有机物），在高温焚烧（产生的烟雾经过处理）中产生的热能转化为高温蒸气，推动涡轮机转动，使发电机产生电能；对不能燃烧的有机物进行发酵、厌氧处理，最后干燥脱硫，产生甲烷（沼气），甲烷再经燃烧，把热能转化为蒸气，推动涡轮机转动，带动发电机产生电能。

面对世界城市化进程越来越快，垃圾泛滥已成为城市的一大灾难。世界各国已不仅限于掩埋和销毁垃圾这种被动"防守"战术，而是采取积极有力的措施，科学合理地综合处理利用垃圾。我国有丰富的垃圾资源，存在极大的潜在效益。全国城市每年因垃圾造成的损失（运输费、处理费等）约近 300 亿元而将其综合利用却能创造 2500 亿元的效益。

从 20 世纪 70 年代起，一些发达国家便着手运用焚烧垃圾产生的热量进行发电。据有关统计资料，我国当今城市垃圾清运量已达 1 万亿 t/a，若按平均低位热值 2900kJ/kg 折算，相当于 1400 万 t 标准煤。如其中有 1/4 用于焚烧发电，年发电量可达 60 亿 kW·h，相当于安装了 1200MW 火电机组的发电量。无害化垃圾焚烧发电可实现垃圾无害化，因为垃圾在高温（1000℃左右）下焚烧，可实现无菌化分解有害物质，且尾气经净化处理达标后排放，能更彻底地做到无害化。减量化垃圾焚烧后的残渣，只有原来容积的 10%～30%，从而延长了填埋场的使用寿命，缓解了土地资源紧张状态。

因此，兴建垃圾电厂十分有利于城市的环境保护，尤其是对土地资源和水资源的保护，实现可持续发展。

任务实施

步骤一：了解电的发现过程。

步骤二：详细了解电力设备的产生以及不同的发电方式。

实战演练

走进学校电工实验室，认识电路和基本电路原件，加深对电的理解。

思考训练

电是由谁发现的？常见的发电方式有哪些？

任务二　世界电力工业发展简史

任务目标

　　能力目标：了解世界电力工业发展史，了解电力行业的世界发展状况。
　　知识目标：了解世界电力工业的发展历程。
　　素质目标：培养大学生对专业发展现状的认识能力，拓展专业基础知识面。

任务描述

　　电力是以电能作为动力的能源。发明于 19 世纪 70 年代，电力的发明和应用掀起了第二次工业化高潮，是 18 世纪以来，世界发生的三次科技革命之一，从此人们的生活发生了巨大的改变。20 世纪出现的大规模电力系统是人类工程科学史上最重要的成就之一，是由发电、输电、变电、配电和用电等环节组成的电力生产与消费系统。它将自然界的一次能源通过发电动力装置转化成电力，再经输电、变电和配电将电力供应给各用户。正确地了解世界电力工业发展，有助于专业新生了解自己行业的现状和未来。

知识准备

　　电力工业起源于 19 世纪后期。1875 年，巴黎北火车站建成世界上第一座火电厂，为附近地区照明供电。1879 年，美国旧金山实验电厂开始发电，是世界上最早出售电力的电厂。19 世纪 80 年代，在英国和美国建成世界上第一批水电站。1913 年，全世界的年发电量达 500 亿 kW·h，电力工业已作为一个独立的工业部门，进入人类的生产活动领域。电力工业就是将一次能源如煤炭、石油、天然气、核燃料、水能、风能、太阳能等经发电设施转换成电能，再通过输电、变电与配电系统供给用户作能源的工业部门。

　　1850 年，马克思在看到一台电力机车模型后，就曾预言："蒸汽大王在前一个世纪中翻转了整个世界，现在它的统治已到末日，另外一个更大得无比的革命力量——电力将取而代之。"100 多年来的历史充分证实了马克思的预言。

　　1882 年，美国建成纽约珍珠街电厂，装有 6 台直流发电机，总容量 900 马力（约 670kW），以 110V 直流电供电灯照明。这是世界上第一座较正规的电厂。

伦敦德特福德火电厂

　　在此前后，世界各国陆续建成几座容量为千千瓦级的电厂。其中，著名的有伦敦德特福德火电厂。

　　1881 年在英国的戈德尔明建成世界上第一座水电站。

　　1882 年，美国在威斯康星州的福克斯河上建成第二座水电站，水头 3 米，装机容量 10.5kW。

　　1890 年，英国建成从德特福德到伦

敦 11km 的 10kV 线路（第一条高压交流电力线路）。

1891 年，德国建成从劳芬到法兰克福 170km 的 15kV 线路（第一条三相交流输电线路）。

进入 19 世纪 90 年代，水电站的规模发展到万千瓦级以至十万千瓦级。如美国尼亚加拉水电站（1895 年），设计容量 14.7 万 kW，这是商业性水电站的发端。

20 世纪，巴西和巴拉圭合建的伊泰普水电站，是中国的三峡电站建成前世界上最大的水电站，装机容量 1260 万 kW，年发电量 710kW·h。

伊泰普水电站

20 世纪初，为适应电力工业发展的需要，电工制造业生产出万千瓦级的机组，如瑞士勃朗—鲍威力有限公司生产的 1.5 万 kW 机组（1902），美国西屋电气公司的 1 万 kW 机组。

到了 1912 年，汽轮发电机组的容量达到 2.5 万 kW。进入 20 世纪 20 年代，美国已制成 10 万 kW 的机组。电力工业已从萌芽发展到初具规模。

1913 年，全世界的年发电量已达 500 亿 kW·h。电力工业已作为一个独立的工业部门，进入人类的生产活动领域。

表 1　　　　　　　　　　交流输电各电压等级首次出现的时间

电压等级/kV	10	50	110	220	287	380	525	735	1150
首次出现年份	1890	1907	1912	1926	1936	1952	1959	1965	1985

表 2　　　　　　　　交流输电各电压等级下输电线路的波阻抗与输送容量

系统电压 U/kV	220	330	500	750	1000	2000
波阻抗/Ω	400	303	278	256	250	250
输送容量 P/MW	121	360	900	2200	4000	16000

20 世纪三四十年代，美国成为电力工业的先进国家，拥有 20 万 kW 的机组 31 台，容量为 30 万 kW 的中型火电厂 9 座。同一时期，水电机组达 5 万~10 万 kW。1934 年，美国开工兴建的大古力水电站，计划容量是 888 万 kW，1941 年发电，到 1980 年装机容量达 649 万 kW，至 80 年代中期一直是世界上最大的水电站。1950 年，全世界发电量增至 9589 亿 kW·h，是 1913 年的 19 倍。

1986 年，全世界发电量火电占 63.7%，水电占 20.3%，核电占 15.6%。

20 世纪 70 年代，电力工业进入以大机组、大电厂、超高压以至特高压输电，以联合系统为特点的新时期。

1973 年，瑞士 BBC 公司制造的 130 万 kW 双轴发电机组在美国肯勃兰电厂投入运行。苏联于 1981 年制造并投运世界上容量最大的 120 万 kW 单轴汽轮发电机组。到 1977 年，美国已有 120 座装机容量百万千瓦以上的大型火电厂。1985 年，苏联有百万千瓦以上火电厂 59 座。1983 年，日本有百万千瓦以上的火电厂 32 座，其中鹿儿岛电厂总装机容量 440 万 kW，是世界上最大的燃油电厂。总装机容量几百万千瓦的大型水电站、大型火电厂和核电站的建成，促进了超高、特高压输电、直流输电和联合电力系统的发展。1935 年，美国首次将输电电压等级从 110～220kV 提高到 287kV，出现了超高压输电线路。1952 年，瑞典建成二分裂导线的 380kV 超高压输电线路。1959 年，苏联建成 500kV、长 850km 的三分裂导线输电线路。1965—1969 年，加拿大、苏联和美国先后建成 735kV、750kV 和 765kV 线路。1985 年，苏联首次建成 1150kV 特高压输电线路，输电距离 890km。

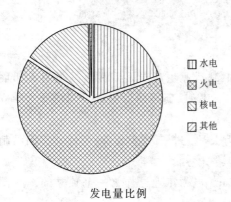

□ 水电
⊠ 火电
▨ 核电
▨ 其他

发电量比例

高压输电线路

自 20 世纪 70 年代以来，世界各国的电力工业从电力生产、建设规模、能源结构到电源和电网的技术都发生了较大变化。进入 90 年代后，其发展逐渐形成了以下两个突出的动向：

（1）世界发电量的年增长率趋缓，而一些发展中国家，特别是亚洲国家仍维持较高的电力增长速度。

（2）电力技术的发展向效率、环保的更高目标迈进。

电力管理体制和经营方式发生变革，由垄断经营逐步转向市场开放。

美国是发电量最多的国家，发电量接近世界总量的 1/4。从 1994 年起中国发电量超过了日本和俄罗斯居第二位，但人均水平仍低于世界平均水平。人均发电量最多的国家是挪威（仅统计发电量超过 100TW·h 的国家），2005 年人均发电量达 30016kW·h，是世界平均水平的 10 倍。加拿大、瑞典、美国、德国分列人均发电量的 2～5 位。

任务实施

步骤一：认识世界电力工业的发展。

步骤二：了解世界电力工业发展的趋势。

课后拓展

观看世界电力工业相关影像资料，加深对世界电力工业发展和方向的了解。

思考训练

世界电力工业发展的趋势是什么？

任务三　国内电力工业发展简史

任务目标

能力目标：了解我国电力工业发展史，大致了解电力行业在我国发展状况，提高民族自豪感。

知识目标：了解我国电力工业的发展历程。

素质目标：培养大学生对专业发展国家现状的认识能力，拓展专业基础知识面。

任务描述

中国电力工业实行了水电、火电并举的方针。中华人民共和国成立初期，为配合新工业地区的建设，保证工业基地用电，电力工业主要在负荷地区建设火电站，同时积极为水电站建设准备条件。随后在条件具备的地区建设了一批大、中型水电站，如新安江、刘家峡、丹江口、葛洲坝、乌江渡等水电站，小水电的建设也得到了较快的发展。此外，中国正在积极研究开发核电、风电、水电等清洁优质能源。

知识准备

一、我国电力工业发展历程

1882年7月26日，上海成立了上海电气公司，安装了第一台以蒸汽机带动的直流发电机，正式发电，从单厂到外滩沿街架线，供给照明用电，这是我国的第一座火力发电厂。和世界上第一座火电厂——于1875年建成的法国巴黎火车站电厂相距仅7年，和美国的第一座火电厂——旧金山实验电厂相距3年，和英国的第一座火电厂——伦敦霍尔篷电厂同年建成，这说明当年我国电力建设水平和世界强国差距并不大。我国水力发电始于1912年农历四月十二日，在云南昆明附近的螳螂川上建成了石龙坝水电厂，装有两台240kW的水轮发电机组。以上这些是公认的我国电力工业的起点。

但是，从1882年7月上海第一台发电机组发电开始到1949年中华人民共和国成立，在60多年中经历了辛亥革命、土地革命、抗日战争和解放战争，这时期电力工业发展迟缓，全国发电设备的总装机容量184.86万kW（当时排世界第21位），年发电量仅43.1亿kW·h（当时排世界第25位），人均年占有发电量不足10kW·h。当时我国的电力系统大多是大城市发、供电系统，跨地区的有东北中部和南部的154kV、220kV电力系统（分别以丰满、水丰和镜泊湖等水电厂为中心）及冀北电力系统。

中华人民共和国成立后电力工业有了很大的发展，尤其是1978年以后，改革开放、发展国民经济的正确决策和综合国力的提高，使电力工业取得了突飞猛进、举世瞩目的辉煌成就。

1972 年，第一条 330kV 超高压输电线路建成，从刘家峡水电站至汉中，全长 534km。随后 330kV 线路延伸到陕甘宁青 4 个省区，形成西北跨省联合电网。

1981 年，第一条 500kV 超高压输电线路投入运行，从河南平顶山姚孟火电厂到湖北武昌凤凰山变电所，使中国成为世界上第 8 个拥有 500kV 超高压输电线路的国家。

1989 年，中国第一条 ±500kV 直流输电线路（葛洲坝—上海，1080km）建成并投入运行，实现华中电力系统与华东电力系统互联，形成中国第一个跨大区的联合电力系统。

到 1995 年年末，全国年发电量已达到 10000 亿 kW·h，仅次于美国而跃居世界第二位；全国发电设备总装机容量达 2.1 亿 kW，当时居世界第三位。

从 1996 年起，我国发电装机容量和年发电量跃居世界第二位，超过了俄罗斯和日本，仅次于美国，成为名副其实的电力大国。半个多世纪的风雨历程，铸造了中华人民共和国的繁荣昌盛，50 多年的艰苦奋斗，成就了我国电力工业的灿烂辉煌。

2005 年 9 月，西北电网建成 750kV 青海官亭—甘肃兰州线超高压输变电工程（140.7km），中国输电技术提高到了一个新的水平。2008 年 12 月 30 日，我国首条 1000kV（山西长治晋东南变电站—南阳—湖北荆门变电站）投运，645km，实现华北和华中电网互连，这是我国电力工业发展史上一个新的里程碑。我国西北 750kV 输变电示范工程在目前世界上同级工程中海拔最高。工程本期线路长 146km，总投资 14.6 亿元，变电总容量为 300 万 kVA。据介绍，该工程的建设将有助于发挥我国西北水、火电优势，推动我国"西电东送"北通道的形成，带动地方经济发展，提升我国输变电设备技术和制造水平。

2008 年，220kV 及以上变电容量 13.9 亿 kV。截至 2009 年 7 月，220kV 及以上输电线路长度达到 37.5 万 km，跃居世界第一位。

2010 年 7 月 8 日，向家坝—上海 ±800kV 特高压直流输电示范工程投入运行，这是我国自主研发、自主设计和自主建设的，世界上电压等级最高、输送容量最大、送电距离最远、技术水平最先进的直流输电工程，是我国能源领域取得的世界级创新成果，代表了当今世界高压直流输电技术的最高水平。该工程的正式投运，标志着国家电网在超远距离、超大规模输电技术上取得全面突破，这也标志着国家电网全面进入特高压交直流电网时代，为推动电力布局从就地平衡向全国乃至更大范围统筹平衡转变，从根本上解决长期存在的煤电运紧张矛盾奠定了坚实的基础，是转变我国电力发展方式的关键工程。

我国现有发电装机容量在 2000MW 以上的电力网 11 个，其中东北、华北、华东、华中区域电网装机容量均超过 30000MW，华东、华中电网甚至超过 40000MW，西北电网的装机容量也达到 20000MW。

2010 年前后，我国已建成以三峡电网为中心连接华中、华东、川渝的中部电网；华北、东北、西北三个电网互联形成的北部电网；以及云南、贵州、广西、广东 4 省（自治区）的南部联合电网。同时，加快北、中、南三大电网之间实现局部互联：通过华北—华中加强联网、华中—西北联网、川渝—西北联网、华东—华北联网、川黔联网等跨区电网工程建设，实现西电东送、南北互供，初步形成全国统一的联合电网的格局，实现全国范围内的资源优化配置，满足国民经济发展和全面建设小康社会的要求。

2019 年全国发电装机容量达到 20.1 亿 kW。从不同发电方式装机容量来看，我国发电方式仍然以火电为主，2019 年火电装机容量达 119055 万 kW，水电装机容量达 35640 万 kW，核电装机容量达 4874 万 kW，风电装机容量达 21005 万 kW，太阳能发电装机容量达 20468 万 kW。从用电看，2018 年全社会用电量达 6.84 万亿 kW·h，2019 年全社会用电量达 7.23 万亿 kW·h，比上年增长 4.5％。从产业看，第一产业用电量达 780 亿 kW·h，同比增长 4.5％；第二产业用电量达 49362 亿 kW·h，同比增长 3.1％；第三产业用电量达 11863 亿 kW·h，同比增长 9.5％；城乡居民生活用电量达 10250 亿 kW·h，同比增长 5.7％。

2020 年前后，随着长江和黄河上游以及澜沧江、红水河上一系列大型水电站的开发，西部和北部大型火电厂和沿海核电站的建设，以及一大批长距离、大容量输电工程的实施，电网结构进一步加强，真正形成全国统一的联合电网。在全国统一电网中充分实现西部水电东送，北部火电南送的能源优化配置。此外，北与俄罗斯、南与泰国之间也可能实现周边电网互联和能源优势互补。

二、我国的行业之最

（一）世界上最大电网

截至 2011 年年底，全国 220kV 及以上输电线路回路长度达到 48 万 km，是 2002 年的 2.5 倍，年均增长 10.8％；公用变设备容量达到 22 亿 kVA，是 2002 年的 4.2 倍，年均增长 17.26％。目前，中国电网规模已居世界第一。2002 年厂网分开后，电网建设投资力度明显增加，全国电力建设投资中电源投资与电网投资之比从初期的 2：1 到目前接近 1：1，逐步实现了电源、电网建设均衡发展，电网规模不断扩大，电压等级逐步提升，实现了 1000kV 交流特高压、±800kV 直流特高压工程投产运行。目前，全国大部分地区已形成了 500kV 为主（西北地区为 330kV）的电网主网架。东北、华北、西北、华中、华东、南方六大区域电网全部实现互联。

（二）全球最大装机规模

截至 2011 年年底，全国发电装机容量达到 10.56 亿 kW，首次超过美国（10.3 亿 kW），成为世界第一电力装机大国。其中水电 2.31 亿 kW（包括抽水蓄能 1836 万 kW），火电 7.65 亿 kW，核电 1257 万 kW，并网风电 4505 万 kW，太阳能发电 214 万 kW。2002 年新一轮电力体制改革以来，我国电源投资主体增多，电力工业进入快速发展通道，迅速改变了我国长期电力不足的局面，全国电力装机容量从 3.57 亿 kW 连续突破 4 亿、5 亿、6 亿、7 亿、8 亿、9 亿、10 亿 kW 大关，年均增长近 8000 万 kW，10 年增长量超过此前中华人民共和国成立以来的 53 年。

（三）全球最高输电电压等级

1000kV 晋东南—南阳—荆门特高压交流试验示范工程，是世界上运行电压等级最高、技术水平最先进、我国具有完全自主知识产权的交流输变电工程。该工程起于山西晋东南变电站，经河南南阳，到湖北荆门变电站，全长 640km。工程于 2006 年年底正式开工，2009 年 1 月投入商业运行，2010 年 8 月通过国家验收。该工程在世界上首次研究提出了特高压交流输电技术标准体系，修订和发布多项国家标准和企业标准，确立了我国在特高压输电技术研究、装备制造、工程设计、建设和运行领域的国际领先地位。

（四）全球最大发电量

2011 年，我国发电量为 4.72 万亿 kW·h，相当于日本、俄罗斯、印度、加拿大、德国等五个国家 2010 年发电量总和，首次超过美国，居世界首位。近年来，我国发电量快速增长，"十一五"期间年均增长率达 11.18%，2011 年增长为 11.68%。与世界主要国家相比，2011 年我国火电占比仍然较高，为 82.54%，仅次于印度；水电占比 14.03%，低于俄罗斯、略高于印度，远低于巴西、加拿大；核电占比为 1.85%，远低于核电占比最高的法国（75.5%）和韩国（31.1%）。目前，我国正大力优化电力能源结构。

（五）全球最多百万千瓦火电机组

截至目前，全国范围内已投产的单机容量百万千瓦超超临界火电机组共有 47 台，投运、在建、拟建的百万千瓦超超临界机组数量居全球之首。2004 年 6 月，国内首个百万千瓦超超临界机组工程——华能玉环电厂一期工程开工建设。随着华能玉环电厂、华电邹县电厂、国电泰州电厂等一批百万千瓦级超超临界机组相继投入运行，标志着我国已经成功掌握世界先进的火力发电技术，我国的电力工业已经开始进入"超超临界"时代。2006 年，上海电气成功制造我国第一套百万千瓦级超超临界机组，标志着我国已具备世界最先进机组的研制能力。

（六）全球最长特高压直流输电线路

2010 年 7 月 8 日，向家坝—上海 ±800kV 特高压直流输电示范工程投入运行，为我国继云广特高压直流工程之后又一特高压直流输电工程。该工程于 2007 年 4 月 26 日通过国家核准，起于四川宜宾复龙换流站，止于上海奉贤换流站，途经四川、重庆、湖北、湖南、安徽、浙江、江苏、上海等 8 省（直辖市），四次跨越长江。线路全长 1907km，输送能力达 700 万 kW 级，是世界上输送容量最大、送电距离最远、技术水平最先进、电压等级最高的直流输电工程。该工程由我国自主研发、自主设计和自主建设，是我国能源领域取得的世界级创新成果，代表了当今世界高压直流输电技术的最高水平。

（七）全球最早运行百万千瓦级超超临界空冷机组

2010 年 12 月 28 日，由中国华电集团公司投资建设的华电宁夏灵武发电有限公司二期工程 3 号机组顺利实现 168h 满负荷运行。标志着具有我国独立知识产权的世界首台百万千瓦级超超临界空冷机组正式投产，这将彻底改写中国空冷机组技术设备依赖进口的历史，预示着我国空冷电站设备设计制造和电力工业技术等级达到世界先进水平。

（八）全球最大水电装机

截至 2011 年年底，全国水电装机容量（含抽水蓄能）达到 2.3 亿 kW，持续雄居世界第一。早在 2001 年，我国常规水电装机达到 7700 万 kW，首次超过美国跃居世界第一位。此后几年，我国水电持续快速发展。到 2004 年，以公伯峡首台 30 万 kW 机组投产为标志，我国水电装机容量突破 1 亿 kW。到 2010 年，随着小湾水电站 4 号机组投产，我国水电总装机容量突破 2 亿 kW。期间，建成了三峡、龙滩、拉西瓦、构皮滩、瀑布沟等一大批巨型电站，正在建设溪洛渡，向家坝、锦屏一级、二级、糯扎渡等工程。

（九）全球最大水电站

2012 年 7 月 4 日，随着最后一台 70 万 kW 机组正式并网发电，三峡电站全面建成投产，累计发电量超过 5600 亿 kW·h。三峡水电站位于中国重庆市市区到湖北省宜昌市之间的长江干流上，包括左岸电站 14 台、右岸电站 12 台、地下电站 6 台 70 万 kW 巨型机组和电源电站 2 台 5 万 kW 机组，总装机容量达 2250 万 kW，是目前世界上最大的水电站。三峡大坝位于宜昌市上游不远处的三斗坪，大坝高程 185m，水库总库容 393 亿 m^3。工程于 1994 年正式开工建设，首台 70 万 kW 机组于 2003 年 7 月并网发电。

（十）全球最高双曲拱坝

华能澜沧江小湾水电站大坝最大坝高 294.5m，为目前世界最高双曲拱坝。小湾水电站位于云南省大理白族自治州南涧县与临沧市凤庆县交界的澜沧江中游河段黑惠江汇入口下游 1.5km 处，总装机规模 420 万 kW，设计年发电量 189.9 亿 kW·h，以发电为主，兼有防洪、灌溉、拦沙、航运等综合效益。电站装设 6 台混流式机组，于 2002 年 1 月正式开工，2009 年 9 月投产首台机组，2010 年 8 月全部投产。其平均 216m 的高运行水头、150r/min 的高转速均为国内同级别机组之最。

三、展望

国民经济的快速发展，大大促进了我国电力工业的快速发展，安全、经济、低污染和节水是新时代对我国电力工业发展所提出的要求。在目前情况下，我国要提高电力在终端能源消费中的比例，减少煤炭作为终端能源的使用，逐步优化发电能源结构，即优化火力发电，大力发展水电，适当和积极建设核电，积极开发和应用风能、潮汐能和太阳能等新能源，实现发电能源多样化，赶超国际先进水平。

任务实施

步骤一：认识我国电力工业的发展。

步骤二：了解我国电力工业存在的世界之最。

实战演练

观看我国电力工业相关影像资料，加深对我国电力工业发展和方向的了解。

思考训练

我国电力行业的世界之最都有哪些？和同学交流其他自己了解的电力行业尖端技术，增加对我国电力行业的认知。

任务四　电力专业介绍

任务目标

能力目标：了解电力专业主要学习的课程，知道自己所学专业课程分类；详细了解专业要求和培养目标。了解专业下分支小专业的未来就业方向；帮助学生制订学习计划和就业规划。

知识目标：掌握电力系统基本知识以及专业分流课程设置；掌握专业培养目标和未来就业方向。

素质目标：培养大学生专业知识素养，建立未来学习、就业目标。

任务描述

本专业主要培养在发电厂、变电站、电力系统及相关行业从事电气设计、施工、运行、调试和检修等工作的高等技术应用型职业技术和管理人员。通过系统的学习可以获得较强的电工工艺的实际操作能力，中小型电机的测试、拆装和检修能力，电气运行的现场操作、电力系统一般事故分析处理的能力，小型发电厂和变电所电气部分设计能力和利用单片机或 PLC 进行小型电气控制项目开发和设计能力，为本专业学生提供专业蓝图和就业方向建议。

知识准备

一、电力工程专业概况

电力工程（electric power engineering），即与电能的生产、输送、分配有关的工程，广义上还包括把电作为动力和能源在多种领域中应用的工程。

20 世纪以后，电能的生产主要靠火电厂、水电站和核电站。有条件的地方还利用潮汐、地热和风能来发电。电能的输送和分配主要通过高、低压交流电力网络来实现。作为输电工程技术发展的方向，其重点是研究特高压（100 万 V 以上）交流输电与直流输电技术，形成更大的电力网络；同时还要研究超导体电能输送的技术问题。20 世纪出现的大型电力系统将发电、输电、变电、配电、用电诸环节综合为一个有机整体，成为社会物质生产部门中空间跨度最广、时间协调严格、层次分工极复杂的实体工程系统。

作为能源的一种形式，电能有易于转换、运输方便、易于控制、便于使用、洁净和经济等许多优点。从 19 世纪 80 年代以来，电力已逐步取代了作为 18 世纪产业革命技术基础的蒸汽机，成为现代社会人类物质文明与精神文明的技术基础。电能的输送和分配主要通过高、低压交流电力网来实现。近 30 年来，高压直流输电技术进步很快，并在一些输电领域内得到了越来越广泛的应用。因此，作为输电工程技术发展的方向，其重点是研究特高压（100 万 V 以上）交流输电与直流输电技术，形成更大的电力网；同时还要研究超导体电能输送的技术问题。

本专业主要培养在发电厂、变电站、电力系统及相关行业从事电气设计、施工、运行、调试和检修等工作的高等技术应用型职业技术和管理人员。通过系统的学习可以获得较强的电工工艺的实际操作能力，中小型电机的测试、拆装和检修能力，电气运行的现场操作、电力系统一般事故分析处理的能力，小型发电厂和变电所电气部分设计能力和利用单片机或 PLC 进行小型电气控制项目开发和设计能力。毕业时可获得全国英语 AB 级等级证书，全国计算机等级考试一、二级证书，计算机高新技术认证考试（ATA）证书和国家中高级电工职业技能资格证书，特种电工操作证等。毕业生主要就业于各类发电厂、变电站、电力设备等企业、电力公司、地区电力网、水利局以及与电力电子相关的各科研单位、工矿企业供电单位等。

二、电力系统基本概念介绍

电力系统：生产、输送、分配与消费电能的系统。包括：发电机、电力网和用电设备。电力网：电力系统中输送与分配电能的部分。动力系统：动力部分与电力系统组成的整体。

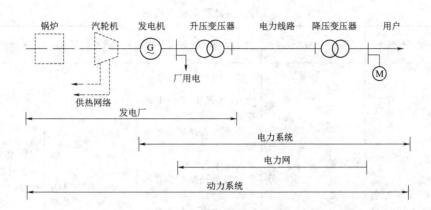

锅炉　　汽轮机　　发电机　　升压变压器　　电力线路　　降压变压器　　用户

厂用电

供热网络

发电厂

电力系统

电力网

动力系统

动力系统、电力系统和电力网示意图

电力系统是由发电、变电、输电、配电和用电等环节组成的电能生产与消费系统。它的功能是将自然界的一次能源通过发电动力装置（主要包括锅炉、汽轮机、发电机及电厂辅助生产系统等）转化成电能，再经输、变电系统及配电系统将电能供应到各负荷中心，通过各种设备再转换成动能以及热、光等不同形式的能量，为地区经济和人民生活服务。由于电源点与负荷中心多数处于不同地区，也无法大量储存，故其生产、输送、分配和消费都在同一时间内完成，并在同一地域内有机地组成一个整体，电能生产必须时刻保持与消费平衡。因此，电能的集中开发与分散使用，以及电能的连续供应与负荷的随机变化，就制约了电力系统的结构和运行。据此，电力系统要实现其功能，就需在各个环节和不同层次设置相应的信息与控制系统，以便对电能的生产和运输过程进行测量、调节、控制、保护、通信和调度，确保用户获得安全、经济、优质的电能。

建立结构合理的大型电力系统不仅便于电能生产与消费的集中管理、统一调度和分配，减少总装机容量，节省动力设施投资，且有利于地区能源资源的合理开发利用，更大限度地满足地区国民经济日益增长的用电需要。电力系统建设往往是国家及地区国民经济发展规划的重要组成部分。

电力系统的出现，使高效、无污染、使用方便、易于控制的电能得到广泛应用，推动了社会生产各个领域的变化，开创了电力时代，发生了第二次技术革命。电力系统的规模和技术高低已成为一个国家经济发展水平的标志之一。

三、专业介绍

（一）发电厂及电力系统专业

培养目标：本专业培养学生掌握发电厂及电力系统领域的工程知识与技术，并能够解决发电厂及电力系统领域工程实践的相关问题。本专业面向电力行业技术技能型人才需求，养成学生独立思考能力，奠定终身学习基础，培养学生创新创业精神、团队合作精神与职业态度，使之具备国际化视野并自觉践行社会主义核心价值观，能够胜任并从事厂矿电工、电气运行、继电保护维护调试、电气设备安装维护、变配电工程设计等岗位工作（表3）。

表3   主要工作岗位及职业能力描述

岗位名称	主要工作任务	工作过程	能力、知识和素质要求	主要核心课程	考证考级要求
变配电工程设计	1. 小区配电工程设计并指导工程施工。2. 变电站电气部分设计指导工程施工	1. 电气一次可行性研究。2. 电气二次可行性研究。3. 电气一次初步设计。4. 电气二次初步设计。5. 电气一次施工图设计。6. 电气二次施工图设计	1. 掌握小区供电的特点。2. 合理选择满足工程的主接线方案及计量方案。3. 能进行配电装置的布置。4. 根据服务对象的布置及造价要求等特点，合理选择设备。5. 掌握各种电气主接线优缺点及适用范围，合理选择满足工程的主接线方案。6. 能进行配电装置的布置。7. 根据服务对象的技术特点，合理选择设备	1. 制图与CAD；2. 发电厂及变电站电气设备；3. 电力系统基础；4. 高电压技术；5. 电气试验	1. 特种作业操作证（高压电工作业、电力电缆作业、电气试验作业、继电保护作业）；2. 发电集控值班员；3. 变配电运行值班员；4. 继电保护员
电气运行工程师	1. 发电机、变压器经济运行。2. 发电机故障判断与运行工况分析。3. 电厂日常运行。4. 电厂倒闸操作	1. 监视、控制发电机运行工况，安全、稳定、经济地运行。2. 发电机启动、停机、调整操作，调整运行工况和参数。3. 监视、操作、管理变电设备。4. 执行值班调度员的命令，进行倒闸操作，管理设备技术资料台账、图表和各种记录	1. 具备操作、维护发电机、变压器等设备，监视、控制发电机运行工况，安全、稳定、经济地运行能力。2. 具备根据运行规程，对发电机启动、停机、调整操作；通过仪表指示和摸、听、看、闻，对设备的振动、声音、气味等状态进行分析，调整运行工况和参数。3. 监视、操作、管理变电设备，确保变电站安全经济运行能力。4. 具备执行值班调度员的命令，进行倒闸操作，管理设备技术资料台账、图表和各种记录的能力	1. 电工技术；2. 电气控制与PLC技术；3. 电机技术；4. 发电厂及变电站电气设备；5. 电力系统基础；6. 高电压技术；7. 电气试验	1. 特种作业操作证（高压电工作业、电力电缆作业、电气试验作业、继电保护作业）；2. 发电集控值班员；3. 变配电运行值班员；4. 继电保护员

续表

岗位名称	主要工作任务	工作过程	能力、知识和素质要求	主要核心课程	考证考级要求
厂矿电气工程师	1. 照明及动力线路安装。 2. 电气设备的选择。 3. 电气设备的检测	1. 参加班前会，领取本岗位工作任务。 2. 领取当班需要的材料和工具，持证上岗。 3. 交接班填写交接票。 5. 巡检，观察设备运行状况是否异常。 6. 明确修理方案，进行修理或设备零件的更换。 7. 清点设备、材料的备用情况，做好维修记录，清理岗位卫生	1. 具备安装照明和低压动力线路、电动机及其控制设备、配电所低压馈线屏等设备的能力。 2. 具备根据设计图纸、有关的施工工艺及验收规程的规定，进行内线工程施工；准确选用合格的设备、导线和电缆截面能力。 3. 具备测定绝缘性能，调试设备运行参数；正确填写施工记录和施工总结报告的能力	1. 电工技术； 2. 电气控制与PLC技术； 3. 电机技术； 4. 电力系统自动装置； 5. 电能计量技术； 6. 电机技术； 7. 发电厂及变电站电气设备； 8. 高电压技术； 9. 电气试验	1. 特种作业操作证（高压电工作业、电力电缆作业、电气试验作业、继电保护作业）； 2. 发电集控值班员； 3. 变配电运行值班员； 4. 继电保护员

职业面向：本专业毕业生就业主要面向供电企业、电力工程设计施工、电气设备制造等企业生产一线的电力工程管理、变配电工程设计、继电保护维护调试、电气运行、指导电气设备安装维护等岗位。主要就业岗位：变配电工程设计师、电气运行工程师、厂矿电气工程师。拓展就业岗位：电力工程施工监理、电气设备安装维护工程师、电气试验工程师。

（二）电力系统继电保护与自动化技术专业

培养目标：培养学生掌握继电保护领域的工程技术知识，并能够解决继电保护领域工程实践的相关问题。本专业面向电力产业（行业）技术技能型人才需求，养成学生独立思考能力，奠定终身学习基础，培养学生创新创业精神、团队合作精神与职业伦理态度，使之具备国际化视野并自觉践行社会主义核心价值观。使学生能够胜任并从事电力系统继电保护整定计算与调试、水电站自动装置检修、电气二次回路安装与接线、发电厂及变电站电气二次部分设计等岗位工作。

职业面向：通过对企业人才需求的分析，结合高职院校人才培养特点，将继电保护与自动化技术专业定位于立足福建省的经济建设发展，面向电力行业，参照行业职业资格标准，确定了继电保护与自动化技术专业毕业生的职业面向与就业岗位，主要从事的岗位见表4。

（三）电力系统自动化技术专业

培养目标：培养学生掌握电力系统自动化领域的工程知识与技术，并能解决该领域工程实践的相关问题。本专业面向电力产业（行业）技术技能型人才需求，养成学生独立思考能力，奠定终身学习基础，培养学生创新创业精神、团队合作精神与职业伦理态度，使

表4 就 业 岗 位

就业岗位	职业资格证书	发证部门
电厂电气运行、电气试验、继电保护二次运维岗位	特种作业操作证（高压电工、继保、电缆、高试）	福建省应急管理厅
维修电工岗位	维修电工（高级）	福建省劳动和社会保障厅
电气二次部分设计岗位	全国CAD技能等级（一级）	中国图学学会
施工检修管理岗位	注册建造师	住房和城乡建设厅

之具备国际化视野并自觉践行社会主义核心价值观。培养学生具备智能电网领域的设备制造、安装与维护等技术应用能力，能胜任智能电网领域的电气设计、安装、调试、运行、检修、维护及管理等岗位工作。

职业面向：本专业主要是面向电力系统领域的各类企事业单位；国网供电有限公司的调度管理部门以及技术中心自动化运行管理工作；大中型发电厂和变电站远程自动化控制技术及微机通信技术管理工作和值班运行及电气试验技术工作；供电公司线路维护、电气设备安装、调试和管理工作；企事业单位配电系统的技术管理与维护以及智能供配电设备的设计、安装、维护和管理等工作。

根据专业建设委员会对行业的调查，确定了专业面向的岗位群有变电站电气运行岗位、电气检修岗位、电气安装调试岗位、电气试验岗位、电气设计岗位、继电保护岗和厂矿电工等岗位。总结相应岗位职业描述，分析归纳相应岗位的典型工作任务，并确定各岗位对应的职业资格证书，见表5。

表5 岗位典型工作任务及对应的职业资格证书

职业岗位	典型主要工作任务	职业资格证书	发证部门
电厂电气运行岗、变电站运行岗位	变电站运行值班；变电站运行交接班；变电站设备运行巡视检查。电气运行的"两票""三制"，即工作票、操作票和交接班制度，巡回检查制度，设备定期轮换制度的执行	维修电工、特种作业操作证（高压电工、继保、电缆、高试）	福建省劳动和社会保障厅、福建省应急管理厅
电气检修岗	能根据电气设备、配电装置的故障现象，进行电气检修	维修电工、特种作业操作证（高压电工、继保、电缆、高试）	福建省劳动和社会保障厅、福建省应急管理厅
电气试验岗	能进行电气设备、电气线路的正常运行检测与诊断；绝缘试验、耐压试验等	特种作业操作证（高压电工、继保、电缆、高试）	福建省应急管理厅
电气安装与调试岗	熟悉电气设备的安装调试规程，按规程要求进行一次设备和二次设备的安装，并进行相关设备的调试	特种作业操作证（高压电工、继保、电缆、高试）	福建省应急管理厅
继电保护岗	常用继电器的检验，二次回路故障排除，继电保护配置、整定及现场调试，继电保护运行规程，继电保护反事故措施	维修电工、特种作业操作证（高压电工、继保、电缆、高试）	福建省劳动和社会保障厅、福建省应急管理厅

（四）供用电技术专业

培养目标：本专业面向电力供应及使用的配电运维、变配电检修、电气设备安装、电力营销、电能计量、维修电工等职业技术技能型人才需求，养成学生独立思考能力，奠定终身学习基础，培养学生创新创业精神、团队合作精神与职业态度，使之具备国际化视野并自觉践行社会主义核心价值观。培养学生掌握供用电专业领域的工程知识与技术并能够解决相关实践问题，使之能够从事并胜任变配电值班，变配电设备维护、检修、安装，供电营业，装表接电，电机设备维修等岗位工作。

职业面向：①主要面向岗位群，包括供用电企业电工、配电工程施工及管理、变电设备运行维护检修、用电营业管理与用电监察等岗位群；②其他岗位群，包括配电工程概预算、新能源应用、电力设备营销（表6）。

表6　　　　　　　　　　　　　　　主要工作岗位及职业能力描述

序号	岗位名称	典型工作任务	专 项 能 力	支 撑 课 目	
				理论课程	实践课程
1	企业电工	1. 仪表、工具、安全防护用具使用	1. 正确使用电压表、电流表、电度表、万用表、钳形电流表、兆欧表、转速表、接地电阻测量仪等仪表。 2. 正确使用验电笔、钢丝钳、电工刀、剥线钳、紧线钳、液压工具、冲击钻、电锤等工具。 3. 正确使用高低压验电器、携带型接地线、登高用具、绝缘手套、绝缘靴、绝缘垫及绝缘棒等安全防护工具	1. 电工技术（电路、电机技术、电子技术）； 2. 安全用电技术	1. 金工实训； 2. 电工工艺实训； 3. 安全救护实训
		2. 电动机及其控制电路故障判断和检修	1. 正确使用单片机、可编程控制器、变频调速及常规控制电气设备。 2. 能够进行电子器件的检测和焊接。 3. 能够正确判断电动机及其控制电路的故障，并进行检修。 4. 进行数控机床的操作	1. 单片机原理及应用； 2. 自动检测技术； 3. 电气控制设备	1. PLC控制电路设计、安装与调试； 2. 自动化控制系统故障检修
		3. 供电设备的维护	1. 读图和绘图能力。 2. 进行高低压开关电器的维护。 3. 进行电气绝缘检测及故障判断	1. 电力工程制图与CAD； 2. 供配电设备	电气设备检修与试验
		4. 文明生产	1. 熟悉安全规程。 2. 能正确编写各类操作票	1. 电气运行与维护； 2. 运行规程	生产实习
2	工矿企业变电运行与检修	1. 设备运行操作	1. 能用准确简明的专业术语联系和交流工作。 2. 熟知一次系统正常运行方式和有关注意事项。 3. 熟知一次系统的特殊运行方式和有关注意事项。 4. 熟知站用系统正常运行和特殊运行方式及有关注意事项。 5. 熟知电气设备的巡视项目，并能独立进行巡查。 6. 熟知一次设备各种运行方式倒闸操作。	1. 供配电设备； 2. 电气二次部分； 3. 电气运行与维护； 4. 电气试验； 5. 配电网自动化	1. 变电站运行仿真实训和现场运行实训； 2. 配网自动化实训； 3. 电气设备检修与试验

序号	岗位名称	典型工作任务	专 项 能 力	支 撑 课 目	
				理论课程	实践课程
2	工矿企业变电运行与检修	1. 设备运行操作	7. 熟知一次设备倒闸操作时继电保护、自动装置的配合和有关注意事项。 8. 能填写各种倒闸操作票。 9. 能监护制订、布置、审查一般性倒闸操作。 10. 能正确布置各种电气设备检修时的安全措施，办理并许可工作票。 11. 熟知二次设备的各种操作方法、要领和有关注意事项。 12. 能正确地使用微机保护		
		2. 异常运行及事故处理	1. 熟知一、二次设备正常运行参数和极限负荷，掌握最佳工况下安全经济运行方式。 2. 熟悉电气设备异常运行的现象，能根据仪器仪表继电保护与自动装置及有关装置的指示，正确判断设备异常情况，并能设法处理。 3. 熟悉各种设备事故时所产生的现象，能正确地判断故障范围和性质，并能进行处理	1. 供配电设备； 2. 电气二次部分； 3. 电气运行与维护； 4. 电气试验； 5. 配电网自动化	1. 变电站运行仿真实训和现场运行实训； 2. 配网自动化实训； 3. 电气设备检修与试验
		3. 运行管理	1. 能准确地填写运行日志、设备异常运行技术档案、继电保护及自动装置动作等各种运行记录，以及各种运行报表。 2. 能督促和检查修试人员完成有段修试工作记录。 3. 能根据设备的修试结果，进行分析及评级工作		
		4. 检修、试验	1. 进行电气设备工作的种类划分，了解各类检修工作的工艺标准要求。 2. 能看懂电气设备检修工作记录、设备大修及试验报告，并掌握主要数据标准。 3. 熟悉电气设备试验项目的周期和标准。 4. 熟悉继电保护、自动装置、仪表、信号回路等二次设备校验周期和校验内容，掌握其主要数据标准		
		5. 技术管理	1. 参照上级有关规程、制度和要求制定各种技术图表和有关制度。 2. 熟悉技术管理工作的内容和要求，能正确地搞好各种技术档案、设备台账、图纸资料的检查、分类、存档等技术管理工作。 3. 根据设备和人员状况提出本职运行注意事项，安排好正常运行和事故处理组织工作。 4. 熟悉技术资料分类方法，能完成各种运行记录、报表和技术档案台账整理工作。能分析设备异常运行原因，写出一般事故分析报告		

续表

序号	岗位名称	典型工作任务	专 项 能 力	支 撑 课 目	
				理论课程	实践课程
3	供配电工程施工与管理	1. 识图、绘图	1. 看懂一次、二次电气设备安装图、传动机构工作原理图和机械装配图。 2. 能看懂一般土建施工图。 3. 能绘制简单一次设备安装图和一般零件加工图	1. 电力工程制图与CAD； 2. 供配电设备	电力工程制图与CAD实训
		2. 工机具使用维护	1. 能操作真空滤油机进行变压器油过滤及真空注油工作。 2. 操作 SF_6 气体回收装置进行抽真空、回收气体及充注气体工作。 3. 能根据荷重正确选用起重工具。 4. 能使用经纬仪进行有关测量。 5. 能使用检修施工专用工具和设备并排除一般故障		电气控制与安装调试实训
		3. 电气设备安装	1. 变压器安装。 (1) 完成变压器安装工作。 (2) 配合进行变压器的装卸运输工作。 (3) 能检查判断处理变压器的一般缺陷。 (4) 配合进行变压器电气试验、有载开关控制回路等传动试验工作。 2. 断路器安装。 (1) 完成断路器的安装、调整工作。 (2) 配合进行 SF_6 断路器的检漏、微水测试并处理缺陷。 (3) 配合进行高压断路器传动及电气试验工作。 3. 其他设备及母线安装。 (1) 能进行变电所一次电气设备的安装与调整，并处理一般的设备缺陷。 (2) 能解决设备安装中出现的一般施工工艺问题。 (3) 在指导下完成新型设备的安装、调试工作。 4. 根据现场施工用电负荷，选择供电设备，进行施工临时电源安装工作。 5. 能判断电气设备启动试运行中的异常现象，分析原因，采取措施，排除故障。 6. 推广应用新工艺、新技术、新设备、新材料	1. 供配电设备； 2. 电气试验	

序号	岗位名称	典型工作任务	专 项 能 力	支 撑 课 目	
				理论课程	实践课程
3	供配电工程施工与管理	4. 施工管理	1. 编制施工组织设计方案。 2. 能编制变电一次设备的施工工艺及施工质量保证。 3. 编制有关新技术、新工艺、新设备的施工方法。 4. 参与制定大型设备起重、运输方案，能对实施中出现的问题提出解决对策。 5. 检查变电工程安装质量，审核施工记录。 6. 按质量保证体系的要求进行施工全过程的质量控制	电力工程管理	电气控制与安装调试实训
		5. 工程预决算	1. 能根据变电所一次设备施工图进行工料预算。 2. 能够进行工程安装费用的预算和决算	电力工程概预算	电力工程概预算实训
		6. 安全文明生产	1. 能正确填写电气第一、第二种安全工作票。 2. 能编写施工项目的安全施工措施，能组织布置现场的文明施工，解决施工中的安全技术问题。 3. 能担任一般项目安全监护人并认真履行监护人职责。 4. 审核签发安全工作票	1. 电气运行与维护； 2. 运行规程	生产实习
4	供电企业用电营业管理和监察	1. 法律法规、规程规范	熟悉《电力安全工作规程 发电厂和变电站电气部分》（GB 26860—2021）、《电业安全工作规程》（DL 408—91）和《电气测量仪表装置设计技术规程》（SDJ 9—82）中与本工程有关条文的规定，《中华人民共和国电力法》及其配套的法律、法规等知识	电力法律法规与案例分析	
		2. 用电管理工作	1. 组织用户新装竣工查验送电工作。 2. 对用户送、变、配电工程设计图纸进行审查。 3. 针对季节性特点，提出开展安全检查的重点，写出检查动员报告。 4. 写出事故调查报告，结合事故原因并提出整改意见和防范措施。 5. 处理正常用电或窃电，写处理意见。 6. 进行功率因数换算、贴费、单耗节电量、技术措施节电和无功补偿容量以及日、月企业负荷率计算，推动用户节约用电的方法。 7. 制定对用户电工的管理、培训、考核和发证工作的规定。 8. 撰写安全用电、计划用电、节约用电等方面的技术报告	1. 用电营业管理； 2. 电能计量	1. 用电营业实训； 2. 电能计量装置安装与调试实训

序号	岗位名称	典型工作任务	专项能力	支撑课目	
				理论课程	实践课程
4	供电企业用电营业管理和监察	3. 仪器、仪表的使用	电能表、功率表、功率因数表、双臂电桥等仪器仪表的使用及维护	1. 电工技术； 2. 电能计量	
		4. 电气设备运行检查	1. 断路器故障的原因及其判断和处理。 2. 熟悉变配电所电气主接线及运行方式。 3. 互感器投入运行时重点检查的项目。 4. 运行中互感器故障的原因及其判断和处理。 5. 利用两段母线上的电压互感器进行核相。 6. 检测互感器极性。 7. 变压器安装要求。 8. 变压器故障现象判断。 9. 架空电力线路导线截面的选择。 10. 架空线巡视。 11. 架空或电缆线路故障判断和处理。 12. 过电压保护措施及避雷器运行检查。 13. 各种防雷接地装置的工频接地电阻最大允许值的要求	1. 电气运行与维护； 2. 供配电设备； 3. 电气试验	案例调查与分析实训
		5. 指导用户安全工作，帮助用户提高效益	1. 指导用户开展调荷、节电和挖掘设备潜力的工作。 2. 应用有关法律、法规向用户解释有关用电方面的方针和政策。 3. 分析用户耗电量升降的原因。 4. 应用有关政策规定，指导用户加强经营管理工作	用电营业管理	用电营业实训
		6. 安全用电	1. 在变、配电所的电气设备上工作时，保证安全的技术措施。 2. 双电源供电的调度用户在操作时应遵守的规定。 3. 变配电所倒闸操作的基本要求	1. 电气运行与维护； 2. 运行规程	生产实习

（五）铁道供用电专业

培养目标：本专业培养理想信念坚定，德、智、体、美、劳全面发展，具有一定的科学文化水平，良好的人文素养、职业道德和创新意识，精益求精的工匠精神，较强的就业能力和可持续发展的能力，掌握本专业知识和技术技能，面向铁路运输业、道路运输业等行业的铁道供电工程技术人员、变配电运行值班员、牵引电力线路安装维护工、变电设备检修工等职业群，能够从事接触网、变配电所、电力线路等供电设备的运行、检修与施工等工作的高素质技术技能人才。

职业面向：通过对企业人才需求的分析，结合高职院校人才培养特点，将铁道供用电专业定位于立足福建省的经济建设和发展，面向电力行业，参照行业职业资格标准，确定了铁道供用电专业毕业生的职业面向与就业岗位，见表7和表8。

表 7 职 业 面 向

所属专业 大类 （代码）	所属专业类 （代码）	对应行业 （代码）	主要职业类别 （代码）	主要岗位群或 技术领域	主要职业资格证书和 职业技能等级证书
交通运输 大类 （60）	铁道运输类 （6001）	铁路运输业 （53） 道路运输业 （54）	1. 铁道供电工程技术人员（2-02-17-05）； 2. 变配电运行值班员（6-28-01-14）； 3. 牵引电力线路安装维护工（6-29-02-13）； 4. 变电设备检修工（6-31-01-08）	1. 接触网检修与施工； 2. 变配电所检修与施工； 3. 电力线路检修与安装	1. 接触网工； 2. 变配电运行值班员； 3. 变电设备检修工； 4. 电力线路工； 5. 特种电工； 6. 维修电工； 7. 登高证

表 8 就 业 岗 位 与 能 力

行动领域	工 作 任 务	职 业 能 力
铁道接触网运行维护、检修与抢修	1. 识读接触网图纸等技术资料。 2. 准备检修、抢修工器具。 3. 进行接触网周期维护。 4. 进行接触网设备检修。 5. 分析接触网线异常磨耗并提出改善办法。 6. 进行人员调配和组织施工	1. 接触网的识图能力和基本绘图能力。 2. 接触网检修及故障分析处理能力。 3. 接触网工程施工的组织管理能力
铁道变电所值班	1. 监视、检查巡视变电设备运行情况。 2. 进行倒闸操作及事故处理。 3. 对设备进行日常维护保养。 4. 实施设备检修的安全措施。 5. 管理技术资料、台账、图表，填写值班日志及技术记录	1. 电气设备的运行及故障处理能力。 2. 技术资料管理能力
铁道变电设备试验与检修	1. 按照检修工艺规则、规程和技术要求，检修、更换、调试变电设备。 2. 按照相关标准对变电所设备做高压试验。 3. 维修变压器、互感器、消弧线圈、电抗器、无功补偿设备、防雷设施等变电设备。 4. 处理绝缘油、液压油、气体。 5. 针对设备的运行情况、缺陷和隐患，提出反事故措施。 6. 填写各类检修报告	1. 电气设备的巡视检查及故障处理。 2. 各类电气设备的检修能力。 3. 电气设备的试验能力
电力线路检修与安装	1. 室内电气线路的安装与检修。 2. 电力线路及装置的安装与检修。 3. 成套配电装置的安装与检修。 4. 三相异步电动机及其控制线路的安装与检修。 5. 正确组织牵引供电、电力系统的运行、检修和故障抢修。 6. 应急处理突发事件。 7. 消防自动报警系统和通信线路的安装	1. 具备图纸识别能力。 2. 具备常用工具使用能力。 3. 具备各种常见线路巡视与维护能力。 4. 具备常用设备安装与检修能力。 5. 具备远动系统维护的能力

任务实施

步骤一：了解电力系统构成及电力系统基本概念。

步骤二：了解我院电力工程系的专业学科分类和培养目标。

步骤三：了解各分支专业的未来就业职位要求。

实战演练

参观学院电力系实验室以及学校实训场地，组织学生和大二、大三学生进行学习交流，建立自己未来的学习方向和职业目标。

思考训练

解释什么是电力系统、电力网以及动力网。与同学交流自己专业概况和培养目标。

任务五 毕 业 去 向

任务目标

能力目标：了解国家电力公司和相关公司机构设置，知道自己所学专业未来就业的公司分类，对自己专业未来工作方向有详细的了解。

知识目标：了解电力公司及相关公司的机构分支设置；了解专业培养目标和未来就业方向。

素质目标：培养大学生就业知识素养，建立未来学习、就业目标。

任务描述

通过对专业相关工作领域的梳理及介绍，使大学生对所学专业未来就业方向及从事工作岗位情况有初步认识及思路。

知识准备

众所周知，电力系统是由发电厂、送变电线路、供配电所和用电等环节组成的电能生产与消费系统，即电能从生产到消费的五个环节：发电、输电、变电、配电、用电。

这些环节都需要设计、电力设备、建设和运行维护等工作，这就有了电力设计、电力设备制造商、电力建设、发电、运行维护等单位，随着我国经济的发展和电力改革，目前全国有非常多的电力企业。

在 2002 年电力改革厂网分家之前的电力行业（包括发、输、配、售、设计、建设等）主要由国家电力公司管理。2002 年厂网分离改革后，成立了以下政府部门和公司。

一、电监会

电监会为政府部门，现已整合至国家能源局。

二、电网公司

主要组成部分：国家电网公司、中国南方电网公司及一些地方电网公司。

主要业务：以建设和运营电网为核心业务。

主要组成部分：电力科学研究院等直属单位、各省电力公司。

两个电网公司绝对是电气学院就业消纳大户，每年都会有各省电网公司组团去学校招聘。可选择的有省电力公司下属的市供电公司、县供电公司、省电科院、省经研院、省检

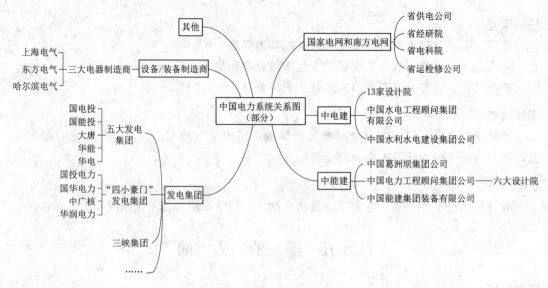

电力行业现状

修公司、省信通公司、省送变电公司、发电厂、省物资公司、省电力交易中心、省电力培训中心等近百家单位。

1. 国家电网公司

经营区域覆盖26个省（自治区、直辖市），覆盖国土面积的88%以上，供电服务人口超过11亿人，公司职工人数为163.3万人。公司注册资本为8295亿元，资产总额为38088.3亿元，稳健运营在菲律宾、巴西、葡萄牙、澳大利亚、意大利、希腊、中国香港等国家和地区的资产。公司连续14年获评中央企业业绩考核A级企业，2016—2018年蝉联《财富》世界500强企业第2位、中国500强企业第1位，是全球最大的公用事业企业。

国家电网公司有华北、华东、华中、东北、西北、西南6个分部，27个省电力公司、38个直属单位，其中每个省电力公司还有所辖的市县电力公司、其直属单位。

2. 中国南方电网公司

中国南方电网公司有2个直属机构和23家子分公司。职工总数30万人，供电区域为广东、广西、云南、贵州和海南（相当于华南地区），供电面积100万km²。供电人口2.52亿人，供电客户8497万户，并与香港、澳门地区以及东南亚国家的电网相连。负责投资、建设和经营管理南方区域电网，经营相关的输配电业务，参与投资、建设和经营相关的跨区域输变电

和联网工程；从事电力购销业务，负责电力交易与调度；从事国内外投融资业务；自主开展外贸流通经营、国际合作、对外工程承包和对外劳务合作等业务。

3. 地方电网公司

三、发电集团

主要组成部分：五大发电集团、"四小豪门"发电集团、三峡集团等。

1. 五大发电集团

中国华能集团有限公司、中国大唐集团公司、中国华电集团有限公司、国家电力投资集团有限公司、国家能源投资集团有限责任公司（中国国电集团公司已与神华集团合并）。

（1）中国华能集团有限公司（简称中国华能）。中国华能注册资本349亿元人民币，主营业务为：电力能源开发、投资、建设、经营和管理，电力（热力）生产和销售，金融、煤炭、交通运输、新能源、环保相关产业及产品的开发、投资、建设、生产、销售，实业投资经营及管理。

中国华能下辖3个直属单位、12个产业公司、26个区域分公司、9个区域子公司、2个直管企业。在福建的中国华能集团有限公司福建分公司，所辖企业有福州电厂、罗源发电公司、福建海港公司等。截至2015年年底，福建分公司运行发电装机容量272万kW，运营5万t级泊位2个。

（2）中国大唐集团公司（简称中国大唐）。中国大唐主营业务为：经营集团公司及有关企业中由国家投资形成并由集团公司拥有的全部国有资产，从事电力能源的开发、投资、建设、经营和管理，组织电力（热力）生产和销售，电力设备制造、设备检修与调试，电力技术开发、咨询，电力工程、电力环保工程承包与咨询，新能源开发，与电力有关的煤炭资源开发生产，自营和代理各类商品及技术的进出口，承包境外工

程和境内国际招标工程，上述境外工程所需的设备、材料出口，对外派遣实施上述境外工程所需的劳务人员。

中国大唐拥有5家上市公司、37家区域公司和专业公司。资产总额达到7266亿元，员工总数约10万人，在役发电装机1.42亿kW。大唐国际发电股份有限公司福建分公司于2006年12月8日在福州市注册成立，公司所辖三级单位含生产单位2个、前期筹备单位6个。其中生产单位为：福建大唐国际宁德发电有限责任公司和福建大唐国际新能源有限公司。

（3）中国华电集团有限公司（简称中国华电）。中国华电主营业务为：电力生产、热力生产和供应；与电力相关的煤炭等一次能源开发以及相关专业技术服务。近年来，公司深入贯彻落实党中央、国务院各项决策部署和国家能源战略，加快结构调整，着力提质增效，深化改革创新，加强党的建设，综合实力不断增

强，行业地位明显提升，2017 年在世界 500 强企业排名 382 位。

中国华电拥有 43 个子分公司 19 个专业公司/其他单位，在福建设有分公司。

（4）国家电力投资集团有限公司（简称国家电投）。国家电投公司成立于 2015 年 6 月，由原中国电力投资集团公司与国家核电技术公司重组组建，是一个以电为核心、一体化发展的综合性能源集团公司。电力总装机容量 1.31 亿 kW，其中：火电 7464 万 kW，水电 2379 万 kW，核电 448 万 kW，太阳能发电 1374 万 kW，风电 1459 万 kW，在全部电力装机容量中清洁能源比重占

47.18%，具有鲜明的清洁发展特色。年发电量 4226.09 亿 kW·h，年供热量 1.71 亿 GJ。拥有煤炭产能 7860 万 t，电解铝产能 253.5 万 t，铁路运营里程 627km。

国家电投是我国三大核电开发建设运营商之一。资产总额 10451 亿元，员工总数 14 万人。拥有 9 家上市公司、公众挂牌公司，包括 2 家香港红筹股公司和 5 家国内 A 股公司。在福建设立分公司。

（5）国家能源投资集团有限责任公司（简称国家能源集团）。国家能源集团由中国国电集团公司和神华集团有限责任公司两家世界 500 强企业合并重组而成，于 2017 年 11 月 28 日正式挂牌成立。拥有煤炭、火电、新能源、水电、运输、化工、科技环保、金融等 8 个产业板块，是全球最大的煤炭生产公司、火力发电公司、风力发电公司和煤制油煤化工公司。资产规模超过 1.8 万亿元，职工总数 35 万人。截至 2017 年年底，拥有煤炭产能 4.8 亿 t，电力总装机容量 2.26 亿 kW，其中火力发电总装机容量 1.75 亿 kW，均占全国的 15% 左右；是全球唯一同时掌握百万吨

级煤直接液化和煤间接液化两种煤制油技术的公司；自营铁路 2155km，港口设计吞吐能力 2.47 亿 t，自有船舶 62 艘。

国家能源集团拥有 83 个集团子分公司，在福建设立神华（福建）能源有限责任公司、国电福建电力有限公司（注：龙源电力原属于国电集团，在福建设立分公司）。

2. "四小豪门"发电集团

"四小豪门"发电集团指国投电力控股股份有限公司、中国神华能源股份有限公司国华电力分公司、华润电力控股有限公司、中国广核集团有限公司。

（1）国投电力控股股份有限公司（简称国投电力）。公司经营范围主要包括投资建设、经营管理以电力生产为主的能源项目，开发及经营新能源项目、高新技术、环保产业，开发和经营电力配套产品及信息、咨询服务。其中，发电业务为公司的核心业务，占公司营业总收入的 95% 以上。同时，为适应电力体制改革，公司也开展了以电为主的相关业务拓展。截至 2017 年年底，公司已投产控股装机容量 3162 万 kW，其中水电装机容量 1672 万 kW、占比 52.88%，火电装机容量 1375.6 万 kW、占比 43.5%，风电装机容量 98.6 万 kW、占比 3.12%，光伏装机容量 15.8 万 kW、占比 0.5%。

（2）中国神华能源股份有限公司国华电力分公司（简称国华电力）。国华电力是原神华集团以火力发电为主营业务的全资子公司，是跨区域性电力公司，国内资产主要分布在

北京、天津、河北、内蒙古、辽宁、陕西、宁夏、河南、湖南、山东、江苏、浙江、江西、广东、广西等 15 个省（自治区、直辖市）。国华电力拥有全资、控股、参股发电企业 39 家。

（3）华润电力控股有限公司（简称华润电力）。公司成立于 2001 年 8 月，是华润（集团）有限公司（"华润集团"）的旗舰香港上市公司，是中国效率最高、效益最好的综合能源公司之一，业态涉及火电、风电、光伏、水电、分布式能源、售电、煤炭等领域。截至 2017 年年底，华润电力总资产 2209.72 亿港元，员工人数达 30 万人。运营业务覆盖全国 28 个省（自治区、直辖市），发电运营权益装机容量 3608 万 kW，其他区域亦有前期发展项目布局。在福建设立华润电力（福建）销售有限公司。

（4）中国广核集团有限公司（简称中广核）。原中国广东核电集团，是伴随我国改革开放和核电事业发展逐步成长壮大起来的中央企业，是由核心企业中国广核集团有限公司及 40 多家主要成员公司组成的国家特大型企业集团。截至 2018 年 7 月底，中国广核集团拥有在运核电机组 21 台，装机容量 2255 万 kW；在建核电机组 7 台，装机容量 918 万 kW；拥有风电控股装机容量达 1134 万 kW，太阳能光伏发电项目控股装机容量 238 万 kW，海外新能源控股装机容量 1160 万 kW。此外，在分布式能源、核技术应用、节能技术服务等领域也取得了良好发展。

中广核有 34 家子分公司，在福建设有福建宁德核电有限公司。

3. 中国长江三峡集团有限公司（简称三峡集团）

三峡集团主营业务包括水电工程建设与管理、电力生产、国际投资与工程承包、风电和太阳能等新能源开发、水资源综合开发与利用、相关专业技术咨询服务等方面。经过 20 多年的持续高质量快速发展，三峡集团已经成为全球最大的水电开发运营企业和我国最大的清洁能源集团。

截至 2017 年年底，三峡集团可控装机容量规模超过 7000 万 kW，已建、在建和权益总装机容量规模达到 1.24 亿 kW，其中可再生清洁能源装机容量占 96%，可控水电装机容量占全国水电装机容量的 16%。

根据国家授权，三峡集团还负责金沙江下游溪洛渡、向家坝、乌东德、白鹤滩四座世界级巨型梯级水电站的开发建设与运营。2020 年，乌东德、白鹤滩两水电站陆续建成投产，全球装机容量排名前 10 位的水电站，有 5 座在三峡集团；全球 70 万 kW 以上的水轮发电机组，超过 2/3 在三峡集团；全球仅有的 16 台单机容量 100 万 kW 的水轮发电机组在三峡集团。

三峡集团设有综合能源分公司、福建分公司、西藏分公司、重庆分公司、广东分公司等 5 个分公司；共有 20 家全资和控股子公司，其中控股上市公司 2 家。截至 2017 年年底，全集团境内从业人员规模超过 2.29 万人。三峡福建公司下设 5 家全资或控股公司、4 家参股公司。

四、电力建设集团

主要有中国电力建设集团公司和中国能源建设集团有限公司。

1. 中国电力建设集团公司（简称中电建）

中电建是于 2011 年 9 月 29 日在中国水利水电建设集团公司、中国水电工程顾问集团公司和国家电网公司、中国南方电网有限责任公司所属的 14 个省（自治区、直辖市）电力勘测设计、工程、装备制造企业基础上组建的国有独资公司。资产总额 300 亿元，企业员工 18.6 万人。

中电建有 80 个子分公司，在福建设立中国水利水电第十六工程局有限公司（原名中国水利水电闽江工程局）、中国电建集团福建省电力勘测设计院有限公司、中国电建集团福建工程有限公司（原名福建省第一电力建设公司）与福建火电承包公司。

2. 中国能源建设集团有限公司（简称中能建）

中能建是在葛洲坝集团、中国电力工程顾问集团公司（电力规划设计总院）以及国家电网公司及中国南方电网有限责任公司所属 15 个省及地区的勘测设计企业、施工企业、修造企业等基础上组建的国有独资公司，有 34 个较大的子分公司。

主要业务：集电力和能源规划咨询、勘测设计、工程承包、装备制造、投资运营等于一体。

五、核电工业集团

主要组成部分：中国核工业集团有限公司、中国核工业建设股份有限公司、中国广核集团有限公司、国家核电等。

1. 中国核工业集团有限公司（简称中核集团）

中核集团是经国务院批准组建、中央直接管理的国有重要骨干企业，由 380 多家企事业单位和科研院所组成，现有员工约 15 万人，其中专业技术人才达 4.1 万人，中国科学院、工程院院士 17 人。历史上成功地研制了原子弹、氢弹和核潜艇，建成我国大陆第一座核电站。

中核集团主要从事核军工、核电、核燃料循环、核技术应用、核环保工程等领域的科研开发、建设和生产经营，以及对外经济合作和进出口业务，是目前国内投运核电和在建核电的主要投资方、核电技术开发主体、最重要的核电设计及工程总承包商、核电运行技术服务商和核电站出口商，是国内核燃料循环专营供应商、核环保工程的专业力量和核技术应用的骨干。

中国核能电力股份有限公司（简称中国核电），由中国核工业集团有限公司作为控股股东，联合中国长江三峡集团有限公司、中国远洋海运集团有限公司和航天投资控股有限公司共同出资设立，中国核电也有很多下属单位。

中核集团拥有 50 个子分公司。在福建设有福清核电有限公司、霞浦核电、福建漳州核电、三明核电（未核准建设）等单位。

2. 中国核工业建设股份有限公司（简称中国核建）

中国核工业建设集团公司（以下简称"集团公司"）于 1999 年在原中国核工业总公司所属部分企事业单位基础上组建而成，是中央直接管理的国有重要骨干企业，是经国务院批准的国家授权投资机构和资产经营主体。2004 年国务院国资委批准集团公司主业为"军工工程，核电工程、核能利用，核工程技术研究、服务"。2010 年 12 月 21 日，在推进实施主营业务重组改制上市的战略布局下，中国核工业建设集团公司联合中国信达资产管理股份有限公司、航天投资

控股有限公司、中国国新控股有限责任公司共同发起设立了中国核工业建设股份有限公司（简称中国核建），成为承担集团公司军工工程、核电工程、工业与民用工程建设业务的大型控股子公司。

中国核建拥有国际原子能机构授权设立的全球唯一一家核电建设国际培训中心，是我国核电工程建设的主力军，承担国家核应急救援队工程抢险分队职责。60 余年来，中国核建承担并圆满完成了祖国大陆包括原子弹、氢弹、核潜艇建设任务在内的全部核军工，以及全部核电站的核岛建设任务。

集团公司有 22 个子分公司。集团公司所辖的中国核工业建设股份有限公司，有 14 个成员单位。

3. 中国广核集团有限公司（简称中广核）

中国广核集团是由国务院国有资产监督管理委员会控股的中央企业。中广核以"发展清洁能源，造福人类社会"为使命，经过 40 余年的发展，构建了 6＋1 产业体系，业务已覆盖核能、核燃料、新能源、非动力核技术、数字化、科技型环保、产业金融等领域，拥有 2 个内地上市平台及 3 个香港上市平台。

4. 国家核电技术公司（简称国家核电）

国家核电技术公司于 2007 年 5 月 22 日成立，是国有重点骨干企业之一。2015 年 6 月，国家核电和中国电力投资集团公司联合重组组建国家电力投资集团有限公司（简称国家电投）。重组后，国家核电作为国家电投控股的产业集团公司，继续承担我国三代核电技术引进、消化、吸收、再创新的战略任务，专业从事核电及相关领域的投资运营、技术研发、工程服务以及电源、电网、新能源工程技术服务等业务。

六、其他

1. 地方能源公司

山东鲁能、浙江浙能、上海申能、广东粤能、深圳能源、北京京能等。

2. 中国节能环保集团公司

前身是中国节能投资公司，现为唯一一家主业为节能减排、环境保护的中央企业，是中国节能环保领域最大的科技型服务型产业集团。中国节能拥有各级子公司 260 余家，上市公司 5 家，分布在国内近 30 个省市及境外近 40 个国家和地区。

3. 设备（装备）制造企业

主要有东方电气、上海电气、哈尔滨电气以及许继、南瑞、特变电工、ABB 等，其中许继、南瑞是国家电网公司的下属企业。

4. 电力行业社团组织

主要有中国电机工程学会、中国电力企业联合会、各省市的电机工程学会、各省市的电力行业协会等，是非营利的社会团体。

除此之外，还有中国电力工程顾问集团公司、电力设计院（六大电力设计院和各省电力设计院）、中试所、电力设备厂等单位。

任务实施

步骤一：认识国家电网以及南方电网。

步骤二：了解我国电力行业的主要就业公司和就业职位。

实战演练

在线和学校工作校友进行未来就业交流，在交流中加深自己对本专业的认识和培养目标，并建立自己的职业方向和目标。

思考训练

与同学交流自己的就业目标和方向，加深对自己专业的认可，为自己将来就业做好学习准备。

项目三　快乐"心"相伴

项目描述

合作愉快　培养团队合作意识

跨进新时代，越来越多的企业、公司把是否具备团队意识和与人合作的能力作为挑选人才的重要考评依据。现代的大学生毕业后将会到社会上不同的岗位肩负起建设祖国的历史重任，在工作交往过程中，必须遵循协同共赢的原则，相互帮忙、互相关心、互相支持。

任务目标

能力目标：培养团结协作的能力，引导大学生在团队中主动发挥自我功能，担任好团队角色，处理好团队的人际关系。作为创业者，能够掌握组建和培养团队的能力。

知识目标：了解团队的概念、团队意识在职场工作中的重要性，掌握团队协作过程中的要点和注意事项以及组建团队和加强团队效力的方法。

素质目标：树立团队意识，引导大学生在团队中拥有团队观念，学会角色定位、在团队中发挥作用，学习如何培养增强自我的团队协作能力，提升职业能力素质。

任务描述

现代企业的生产、管理等运作方式，要求员工具有较强的团队合作能力，新进员工要善于与领导、同事配合开展工作，在团队中注重合作与协调。团队能力对新经济，如 IT 产业而言更是必不可少的成功法则。这是一个集体英雄主义的时代，谁将这一理念接受得彻底并能付诸行动，谁就可能捷足先登成为赢家。因为，在一个企业中，不论创业者如何了不起和能干，都无法胜任多个环节的工作。企业内各部门有详细分工，如生产部门、计划部门、市场部门、公关部门等，部门之间密切地合作，企业才能更好地发展。

知识准备

一、团队

1. 团队的产生

"团队"一词产生于 20 世纪 60—70 年代中期日本的企业管理。

2. 团队的概念

团队是由员工和管理层组成的一个共同体，该共同体合理利用每一个成员的知识和技能协同工作，解决问题，达到共同的目标。

在团队中，个人利益、局部利益、整体利益是相互统一的。同时，作为一个团队，它还要符合三个条件：自主性、创造性和协作性，如果不符合这三个条件，只能说它是一个群体，而不是一个团队。

　　3. 团队的构成要素

　　（1）目标（Purpose）。团队应该有一个既定的目标，为团队成员导航，指导要向何处去，没有目标这个团队就没有存在的价值。团队的目标必须跟组织的目标一致，此外还可以把大目标分成小目标具体分到各个团队成员身上，大家合力实现这个共同的目标。

【案例故事】
　　自然界中有一种昆虫很喜欢吃三叶草（也叫鸡公叶），这种昆虫在吃食物的时候都是成群结队的，第一个趴在第二个的身上，第二个趴在第三个的身上，由一只昆虫带队去寻找食物，这些昆虫连接起来就像一节一节的火车车厢。管理学家做了一个实验，把这些像火车车厢一样的昆虫连在一起，组成一个圆圈，然后在圆圈中放了它们喜欢吃的三叶草。结果它们爬得精疲力竭也吃不到这些草。
　　分析：这个例子说明在团队中失去目标后，团队成员就不知道往何处去，这个团队存在的价值就要打折扣。

　　（2）人（People）。人是构成团队最核心的力量。3人（包含3人）以上就可以构成团队。目标是通过人员具体实现的，所以人员的选择是团队中非常重要的一个部分。在一个团队中需要有人出主意，有人订计划，有人实施，有人协调不同的人一起去工作，还有人去监督团队工作的进展，评价团队最终的贡献。不同的人通过分工来共同完成团队的目标，在人员选择方面要考虑人员的能力如何，技能是否互补，人员的经验如何。

　　（3）团队的定位（Place）。团队的定位指团队在企业中处于什么位置，由谁选择和决定团队的成员，团队最终应对谁负责，团队采取什么方式激励下属。

　　个体的定位指成员在团队中扮演什么角色，是订计划、具体实施还是评估等。

　　（4）权限（Power）。权限指整个团队在组织中拥有什么样的决定权，如财务决定权、人事决定权、信息决定权等。以及组织的基本特征，组织的规模多大，团队的数量是否足够多，组织对于团队的授权有多大，它的业务是什么类型。

　　（5）计划（Plan）。目标最终的实现，需要一系列具体的行动方案，可以把计划理解成目标的具体工作程序。提前按计划进行可以保证团队的顺利进度。只有在计划的操作下团队才会一步一步地贴近目标，从而最终实现目标。

　　二、团队精神

　　团队精神是大局意识、协作精神和服务精神的集中体现。团队精神的核心是协同合作，最好境界是个体利益和集体利益的统一。团队精神是组织文化的一部分，良好的管理可以通过合适的组织形态将每个人安排在合适的岗位，充分发挥个体和集体的潜能。通过团队精神的培养，组织内的个体互相协作，产生凝聚力，能够推动团队运作和发展，也有利于提高组织的整体效能。

团队精神的魅力在于团队的每个成员都能以团队为荣，并且为了团队的荣誉而尽职尽责，努力使自己成为一个积极进取、自动自发的员工。企业要让每一个员工都能领悟到团队精神的魅力，首要的工作就是培育他们的集体荣誉感。一个没有荣誉感的员工不会成为优秀的员工，一个没有荣誉感的团队是没有希望的团队。如果一个员工没有荣誉感，即使有千万种规章制度或要求，他也可能不会把自己的工作做到完美，他可能会对企业提出的某些要求不理解，或认为是多余的而觉得厌倦、麻烦。

【案例故事】

2005年3月16日揭晓的中国劳伦斯大奖将"最佳团队"的殊荣颁给了中国女排，而一直以来，中国女排也是国内体育界一致推崇的最具团队精神的团队。大名鼎鼎的世界三大扣球手之一的郎平在她的自传里说："女排在中国人心目中有一种很特殊的位置，女排打球已经超越了排球，超越了体育本身。"

分析：一支优秀的团队，不论处在多么严峻的形势之下，都能充满信心和斗志，他们始终坚信自己所拥护的团队是所向无敌的，任何情况下只要这个团队存在，成功就会站在他们这一边。

三、个体的团队意识

团队意识是集体意识和协调合作能力的一种综合表现，指从业人员为了一个统一的目标，自觉认同必须负担的责任并愿意共同为此奉献。其中的个体在被尊重的氛围中，上下齐心、团结合作，为了团队的利益追求卓越。

在大部分的工作中，有很多工作任务是需要集体完成的。整个单位或者企业的部门分工和制度建设也是建立在分工协作共同完成事业的原则上的。如果个体缺乏团队意识，只能独自完成一部分工作，就很难融入集体，也很难取得进步。在团队协作的工作任务中，应该建立共同的目标，以团队的利益作为动力，既能主动发挥自己的能力特长，同时也与其他成员的工作互相协调配合，在情感上相互信任、相互激励，共同完成任务。

团队意识的培养需要在团队工作中明确自己的分工和职责，充分发挥自己的能力，同时多观察、多思考、多沟通。观察团队成员的需要，常与团队成员之间进行换位思考，在有独立意见或者矛盾时多与团队领导人和其他成员沟通，建立理解和信任，获得团队中良好的人际关系。

四、团队能力的培养

团队能力的培养主要通过实践活动来进行，如大学的社团活动、集体活动等。大学生在读书期间应积极主动参与各项集体活动，培养自己的团队能力。在团队活动中，应处理好以下关系：

（1）个体目标与团体目标的关系。个体目标是团体目标的一部分，只有每个个体目标实现了，团体目标才能得以实现，个体要在团体中努力完成分目标。

（2）竞争与合作的关系。团队中也存在合作和竞争，合作是达成最终目标的必要条件，竞争则是团队内部活力的激发点，竞争绝不能破坏合作，而是要服从于合作。

（3）管理和被管理的关系。在团队中有分工，有时处于管理岗位，有时处于被管理岗位，要求个体既能管理别人，也乐意接受别人的管理。无论是哪个岗位，都应保持积极的心态。

（4）有效沟通与坚决执行的关系。对团队工作有异议，可以与团队成员进行有效沟通，共同探讨解决问题的办法，但对于已经决定的事情，要求每个成员不折不扣地完成。

【案例故事】

个 体 与 团 队

某大型IT公司在某高职院校招聘3名销售员，有200多名毕业生参加应聘。最后，6位各方面都非常优秀的学生进入考核阶段。考官将这6位学生随机分成2组，每组3人，每人一个市场调研方案，要求每个人独立完成一份市场调研报告。第一组里的3人拿到方案后，立刻各自行动，进行市场调研；另外一组的3人拿到方案之后，相互之间进行信息沟通，共同制订了具体的调研计划，但都独立完成调研报告。最后第2组的3人收到录用通知。负责此次招聘的主管讲：6名学生从专业能力来讲，都很符合要求，但第一组的3人不善于团队合作，与现代企业文化不符。

五、团队的组建

仅仅一个人做事不叫创业，叫个体户。创业的开始就是以创建团队作为起点的，合作伙伴、同事、下属都是团队的一部分。在团队的建设和培养中，要注重个人领导力的体现，同时通过个人的能力和魅力来强化个人的感召力和领导力。所以作为领头人必须考虑团队中个体作用的发挥和集体效能的提高，将每个团队成员安排在合适的位置，通过团队素质培养，引导团队成员产生共同的使命感、归宿感和认同感，增强团队成员的协作能力和人际关系，将团队建设成为一支有着共同目标、强大动力、团结协作的集体。

【案例故事】

微软公司前董事长比尔·盖茨在谈到团队文化时讲到："这种企业文化营造了一种氛围，在这种氛围中，开拓性思维不断涌现，员工的潜能得以充分发挥。我们微软公司所形成的氛围是，你不但拥有整个公司的全部资源，还拥有一个能使自己大显身手、发挥重要作用的小而精的班底或部门。每一个人都有自己的主见，而能使这些主见变成现实的则是微软这个团体。我的策略一向是聘用有活力、具有创新精神的顶尖人才，然后把权力和责任连同资源（人、财、物）一并委托给他们，以便使他们出色地完成任务。"

在富兰克看来，"团体"是对人类基本需求的满足而不是剥夺。公司要做到的是：每一位员工从各自的工作中得到的不单单是薪资和福利，还有更多的东西——乐趣！要乐在其中！"千万莫将精英们所提倡的这种团体意识看作为一种利他主义。我们与同事们在一起的时间远远超过了与自己配偶在一起的时间。"富兰克这样说："只有协同合作才能制造出触动人类心灵深处的某种东西，这种东西可能与传统大家庭的破裂有关系。如今，我们不能再像从前那样，可以分享自己家庭或部落成员的喜怒哀乐，因为我们不再是初来美洲大陆的拓荒者，更不是西西里岛上一道开荒种地、在田园里共同抚养子女的农民。那些日子已经一去不复返了。即使我们尚有家庭，也只不过是中小家庭。所以，人们备感孤独，以至于竟从内心深处发出了'同甘共苦、精神共享'的呐喊。"

分析： 类似于这种把个人归属于集体的团体意识，也是其他公司都在刻意追求和培养的。这种意识，使雇员们工作热情更高，工作体验更深，从而也使他们的生活更具价值。

在美国，团队已经在各种各样的组织中得到认可。有人曾做过调查，80％的《财富》500强企业都有一半或者更高比例的员工在团队中工作。此外，68％的美国小型制造企业采用团队的方式进行生产管理。

六、创业团队的类型

从不同的角度、层次和结构，可以将创业团队划分为不同类型。依据创业团队的组成者来划分，创业团队有星状创业团队（star Team）、网状创业团队（net Team）和从网状创业团队中演化而来的虚拟星状创业团队（virtual Star Team）。

1. 星状创业团队

一般在团队中有一个核心人物（core Leader），充当了领队的角色。这种团队在形成之前，一般是核心人物有了创业的想法，然后根据自己的设想进行创业团队的组织。因此，在团队形成之前，核心人物已经就团队组成进行过仔细思考，根据自己的想法选择相应人员加入团队。这些加入创业团队的成员也许是核心人物以前熟悉的人，也有可能是不熟悉的人，但这些团队成员在企业中更多时候是支持者角色（supporter）。

这种创业团队有几个明显的特点：

（1）组织结构紧密，向心力强，主导人物在组织中的行为对其他个体影响巨大。

（2）决策程序相对简单，组织效率较高。

（3）容易形成权力过分集中的局面，从而使决策失误的风险加大。

（4）当其他团队成员和主导人物发生冲突时，因为核心主导人物的特殊权威，使其他团队成员在冲突发生时往往处于被动地位，在冲突较严重时，一般都会选择离开团队，因而对组织的影响较大。

这种组织的典型例子，如太阳微系统公司（Sun Microsystem）创业当初就是由维诺德·科尔斯勒确立了多用途开放工作站的概念，接着他找了乔和本其托斯民两位分别在软件和硬件方面的专家，和具有实际制造经验和人际技巧的麦克尼里，于是，组成了Sun的创业团队。

2. 网状创业团队

这种创业团队的成员一般在创业之前都有密切的关系，比如同学、亲友、同事、朋友等。一般都是在交往过程中，共同认可某一创业想法，并就创业达成了共识以后，开始共同进行创业。在创业团队组成时，没有明确的核心人物，大家根据各自的特点进行自发的组织角色定位。因此，在企业初创时期，各位成员基本上扮演的是协作者或者伙伴角色（partner）。

这种创业团队的特点：①团队没有明显的核心，整体结构较为松散；②组织决策时，一般采取集体决策的方式，通过大量的沟通和讨论达成一致意见，因此组织的决策效率相对较低；③由于团队成员在团队中的地位相似，因此容易在组织中形成多头领导的局面；④当团队成员之间发生冲突时，一般都采取平等协商、积极解决的态度消除冲突，团队成员不会轻易离开。但是一旦团队成员间的冲突升级，使某些团队成员撤出团队，就容易导致整个团队的涣散。

这种创业团队的典型是微软的比尔·盖茨和童年玩伴保罗艾伦，惠普的戴维·帕卡德和他在斯坦福大学的同学比尔·休利特等。多家知名企业的创建都是先由于成员之间有密切的关系，基于一些互动激发出创业点子，然后合伙创业，此类例子比比皆是。

3. 虚拟星状创业团队

这种创业团队是由网状创业团队演化而来的，基本上是前两种的中间形态。在团队中，有一个核心成员，但是该核心成员地位的确立是团队成员协商的结果，因此核心人物从某种意义上说是整个团队的代言人，而不是主导型人物，其在团队中的行为必须充分考虑其他团队成员的意见，不如星状创业团队中的核心主导人物那样有权威。

七、团队精神的建设、推行方案

1. 确立明确的目标

明确具体可行的企业发展目标，是员工最好的航船方向，目标方向越明确越具体，激发团队的效力也就越大。

（1）将公司发展方针、发展目标、发展计划告诉所有员工，让员工有工作的热情和动力。

（2）将员工的薪金增长计划、方案、职位升迁方案明确，让员工觉得自己在公司有所作为，有发展的前途。

有这样一个目标，就可以使员工们看到希望，从而劲往一处使，产生向目标奋进的力量源泉。

2. 培育共同的企业价值观

企业制度、企业规范，只能在有限和常规情况下，告诉员工"干什么"和"不干什么"，因此，利用价值观来作为员工的行为准则可以利用各种方式：

（1）培养员工良好的道德规范，道德修养。

（2）培养员工的个人修养。

（3）培养员工正确的人生价值观和社会价值观。

3. 公司的管理层起表率作用

公司的决策者、各级管理者是团队的龙头，是团队的核心，管理人员的表率作用体现在：

（1）给各部门制定相关的评估、考核机制。没有各部门的评估、考核机制，就不能看到领导起表率作用的成绩。

（2）给管理者一定的激励机制：通过奖励方式，才能保证管理阶层的带头作用。

4. 要激发员工的参与热情

企业的精神有赖于员工的参与，只有员工全方位地参与企业的经营管理，把个人的命运与企业未来的发展捆绑在一起，员工才会真心真意地关心企业，才会与企业结成利益共同体和命运共同体。

因此，必须建立"以人为本"的管理机制。

（1）制定相应的激励机制，如生产改进的激励、质量改进的激励、员工为企业创造价值的激励等。

（2）将激励机制落实，只有这样，员工才会觉得其真实可信。

（3）要关心员工的生活和思想状态，对于员工反映的实际问题，要及时解决，条件不够、不能满足的，要给员工一个答复。

（4）用人性化的方式激励员工，如制定夫妻同在公司服务的激励政策，关心夫妻员工团聚问题，关心员工生日，给久未归家员工的父母问候，对员工家人或员工的身体状况表示关注等。

5. 要积极发现员工的共同领域

团队的默契，源于团队成员之间自觉的了解和熟悉，而彼此之间的了解、熟悉又以共同的生活为基础，也是形成团队精神的必要条件。

按公司的实际情况可做到以下几点：

（1）语言的统一。在团队内部用统一的语言有利于员工进行沟通，也有利于团队的团结。

（2）服装统一。统一的服装是团队精神的表现。

（3）礼仪、礼节的统一。这是公司文化修养的表现，也是公司形象的体现。

（4）其他，如利害关系的统一，大体匹配的文化层次，共同的兴奋点、兴趣等。

6. 唤醒危机意识和忧患意识

危机意识和忧患意识是团队精神形成的外在客观条件，没有团队的觉悟，没有大家的奋起，没有危机的心态，一旦危机到来，就会措手不及。

（1）市场分析。将市场的挑战性、困难性、竞争性，同行的压力分析给员工。

（2）技术改进上的压力。

7. 保持经常性的沟通

员工与企业之间持续、有效、深度、双向的沟通，能使员工知己知彼，动态掌握自己在团体行动网络中的坐标。

（1）组织经常性的座谈会，或者以意见箱的形式，建议员工积极反映对企业的一些看法、观点以及有益的建议。

（2）组织文化、文艺演出，让员工与公司进行感情上的沟通。

（3）部门之间要进行沟通，不要因沟通不足而在工作中造成隔阂。沟通方式是多样的，但不能流于形式，一定要落于实处。

8. 团队精神需要一个培育的过程

一支具有良好团队精神的团队，一般具有以下特点：在团队风气上，能够容忍不同的观点；支持在可能接受的范围内进行不同试验；对公司忠诚；拥有共同的价值观并愿意为之付出努力；在合作上能坦诚交流。这样的团队要有一个长期的培育和合作过程，公司领导必须在组织上为团队建设提供如下支持：

（1）明确团队的目标。团队的目标只能由决策阶层提出，才能让员工、管理人员明确。

（2）给予一定的资源。包括人力资源、物资资源、资金资源、信息资源。

（3）提供可靠的信息。要给策划者提供如：市场最新动向、国际国内情况、人员培训信息、培训最新动态等信息。

（4）不断的培训和教育。要对员工和企业文化的策划者进行不断的培训和教育。

（5）定期的技术和方法的指导。

【知识链接】

素 质 拓 展 训 练

素质拓展训练是一种体验式的学习。通过精心设计的一系列新颖、刺激的情景，让学生主动去体会、去解决问题，在参与体验的过程中，让他们的心理受到挑战、思想得到启发，在特定的环境中去思考、发现、醒悟，对个人、团队重新认识，重新定位。这些能使青少年学生激发个人潜能；培养乐观的心态和坚强的意志；提高沟通交流的主动性和技巧性；树立相互配合、相互支持的团队精神；增强团队意识，培养团队协作能力；学会与他人进行有效的沟通；提高克服困难的能力；锻炼学生面对环境改变的适应能力，从而达到提高学生素质的目的。

合作＋潜能＋核心＋目标＋心态＋沟通＋信心＝素质拓展训练

不同的训练适应不同的发展素质目标，因此有如下建议。

一、有助于增进团队精神的练习

1. 心有千千结

目的：团体合作，靠集体的力量解决困难，体会团队支持、个人的意义和重要性。

分组：每组20人以内，由老师随机分组。

要求：每个小组成员手拉手成为一个圈，看清楚自己的左手边和右手边是谁，确认后松手，在圈内自由行走，当老师喊停后，位置不动，伸出自己的左右手分别拉之前站自己两侧成员的左右手，从而形成许多结扣，不能松手，但可以钻、跨、绕，要求成员设法解决难题，恢复到起始状况。同学们需要有耐心、相互配合、齐心协力。

2. 同舟共济

目的：团体合作，创新思维，努力尝试，靠团队的力量，克服困难，达成目的。

分组：每组10人以内，由老师随机分组。

准备：每组一张报纸（或者其他替代物），可视为大海中的一条船。

要求：老师将报纸（或者其他替代物）铺在地上，团队成员同时站在上面，一个也不能少，必须同生共死共命运。完成后可以继续再将面积减半，随着难度的增加，成员会越来越努力，团队的凝聚力空前提高。练习的结果常常出乎成员们的想象，团队成员创造性地发挥全组智慧，也让团队成员充分体会团结合作的力量。

二、有助于增强表达能力与人际交往能力的练习

1. 谁是谁

目的：让同学们在活跃的竞赛气氛中，迅速行动起来，练习与人交往的能力。

材料：个人信息卡。

要求：给每个同学一张"信息卡"，要求他们立即行动起来，在班级中寻找具有信息卡上特征的人。成员拿着卡，走到另一个同学身边问他是否有信息卡上的特征。如果有就填写到对应的位置上，如果没有，继续问下一个人。看谁先将信息卡填满。

2. 垂钓想法

目的：让同学们在对未知句子的快速反应中提高现场反应能力与语言表达能力。

材料：未完成的句子（如下所列，信息可以由老师随意变换）、箱子或其他容器。

要求：由老师提前将未完成的句子复印好放入箱子中，各组同学依次从中"捞取"一张折叠的纸，然后返回自己的座位，大声朗读句子，用他们自己的话来完成该句子。小组成员回应之后都进行讨论。如：

我最有成就感的事是……

能让我快乐的事是……

我希望……

自己的性格优点中我最喜欢的是……

如果我能改变自己……

……

三、有助于增强创新能力、解决问题能力的练习：脑力激荡

目的：拓宽思路，群策群力，发挥团队智慧，找到更多种解决问题的方法及途径。

材料：每小组一张白纸、一支笔。

注意事项：自由联想，越奇越好，越多越好。

要求：每组成员6～12人，在老师给定的时间内就某个题目发表意见。应遵守的规则是：①不评论他人的意见正确与否；②尽可能地多出主意；③争取超过别的小组。

每个题目限时5～10min，题目由老师自行随机给出。例如"一支粉笔的用途""生活中自信的表现""改善人际关系的办法"等。当老师宣布开始，每个小组相互启发，集思广益，列举各种可能的方法。当老师喊停，各小组派一名同学讲解这些方法。

任务实施

步骤一：了解团队合作意识在职业中的重要性。

引导大学生认识团队合作意识的重要性，有助于培养大学生在职场中的就业能力。学生能够认识到在团队合作中不同阶段存在的问题，并能够预防并处理这些问题，从而成为团队中优秀的一员或者能够打造一个高效团队。

步骤二：掌握团队协作能力。协助学生在团队活动中了解自己的能力、气质和性格特点，认识到自己在与人合作中的优势与不足，达到正确的自我认识，提高学生在团队中的

合作能力。

步骤三：掌握组建团队、增强团队凝聚力的技巧。学习创建团队的步骤和要求。

实战演练

组织开展任务型团队竞赛。

1. 竞赛目的

通过团队任务，发现团队工作中的问题并及时改正，增强团队意识和协作能力。

2. 活动组织

选出 5 个队长，由队长依次挑选团队成员，组成 5 个团队。团队任务：利用废弃的报纸、胶带等工具制作出鸡蛋飞行器，能够让鸡蛋从 6 楼的高度落下且不会破碎。

3. 活动总结

每个成员互相评价团队成员中的合作能力。

通过观察团队合作中每个成员的工作，发现大学生在合作中常出现的问题并给与正确的指导。

思考训练

1. 你参加过哪些团队？在团队中你一般扮演哪种角色？

2. 以宿舍为单位，布置一周的团队任务，一周后验收成果及团队成员的心得体会。

项目四 榜样力量

项目描述

对标榜样力量，践行初心使命

光阴荏苒，春华秋实。90多年艰苦创业，薪火相传，记载着水院人的耕耘与收获、光荣与梦想。从这里，10余万学子满怀壮志走出校园，扬起事业的风帆，开启人生新的远航。他们中不乏一心为民的政界骄子、驰骋商场的企业精英、成绩卓著的优秀学者、甘为人梯的教育名师，更有无数校友在各自的工作岗位上辛勤耕耘、默默奉献。

江湖夜雨，荣辱与共。校友是社会的人才资源，也是母校的宝贵财富；是母校永葆生机的不竭动力；也是母校生生不息的无穷力量。他们的追求让我们备受感动，他们的精神让我们倍受鼓舞，他们的成功让我们备感骄傲和自豪，他们的成就让我们倍感欣喜和荣耀。

为此，本项目描述校友榜样的力量，从不同角度反映水院学子积极向上、勇于拼搏的精神风貌。他们满怀激情，点燃了一颗颗青春火种；他们就就业业，谱写了一篇篇精彩人生。让我们同呼吸、共命运、心相连、情永依，让我们携手奋进，共创水院美好的明天！

任务一 身边榜样，前行力量

任务目标

能力目标：了解水院的校友事迹，激励每个人与榜样对标，以榜样为镜，不断追随榜样的脚步，努力有所作为，绽放华彩，凝聚起强大的水院正能量。

知识目标：熟知校友事迹，践行榜样力量，志存高远，脚踏实地，在矢志不渝中放飞青春梦想，在不懈奋斗中书写人生华章。

素质目标：通过优秀校友的真实事例和成功经验，能够让学生直接从中发现自己的影子，引导他们树立正确的学习目标，激发学习热情，从而更好地促进优良学风的形成，促进学生成长成才。

任务描述

榜样的力量是无穷的，特别是身边的榜样更具有传承性、学习性和标志性，看得见摸得着，易学、易懂、易会。优秀校友榜样与在校生师出同门，他们经历了在母校学习、生活的全过程，同时有着丰富的求学、工作、就业或创业等阅历，这些就是在校生最好的参照。他们对在校生的教育是事理结合，情理交融，这比班主任、辅导员、任课教师等单纯说教来得更直接、有效。优秀校友的真实事例和成功经验，能够让学生直接从中发现自己的影子，引导他们树立正确的学习目标，激发学习热情，从而更好地促进优良学风的形成，促进学生成长成才。

知识准备

一个有希望的民族不能没有英雄，一个有前途的国家不能没有先锋。漫漫历史长河中，总会涌现一些闪耀着奋进光芒的人，我们称之为榜样。水院自创办以来，涌现了无数榜样和楷模，他们以苦心孤诣、焚膏继晷的治学态度和求学精神成就了今日的水院，铸就了水院的精神，他们是水院的典范与表率，是我们每一位水院人应向之看齐的标杆，是指引我们在前行路上勇敢奋进的精神力量。

榜样是星火，闪耀在黑暗中，帮我们鼓足勇气。榜样的力量之所以是无穷的，就是因为他们的精神可以感染其他人。我们常说"星星之火，可以燎原"，在我们迷惘时、畏缩时、踌躇不前时，榜样们矢志不渝、百折不挠的精神正如黑暗中一缕光束，照亮我们前行的路，给我们勇气与信心，让我们坚定继续奋进的信念。

榜样是灯塔，屹立于前行路上，为我们指引方向。人生总是要面临许多选择，我们以什么样的人为标杆，我们所作出的每一个选择、所走的每一条路，或许直接影响了我们的一生。榜样们临危不惧、奋发有为的壮举正如茫茫大海中明亮的灯塔，指引我们前行的路，让我们明辨是非，朝着正确的方向，砥砺前行。

榜样是明镜，在我们每个人身边，让我们守住初心。校友们在各自擅长的领域坚持不懈、奋力拼搏，他们用一腔热忱描画出青春最美丽的样子，成长为水院的骄傲。从他们身上，我们每个人都可以看到自己的影子，看到自己当初立下的四方之志。他们为初心努力奋斗的样子正如一面镜子，照出我们自身的缺憾与不足，让我们以此为鉴，永葆初心，去追寻属于自己的凌霄之志。

【知识链接】

成就是在专注与坚持中、在热爱与勇敢中创造出来

我们多数人无法精确预知自己未来会变成什么样子，榜样亦是如此。他们从一开始也未曾想到今天会成为令人羡慕的典范，只不过是踏踏实实走好人生每一步，认真对待人生的每一个选择，在日积月累中、专注与坚持中、热爱与勇敢中，成为了最好的自己。

【课堂讨论】

每个刚踏进校门的大学生都怀揣着各自的希望与梦想，并期待着通过大学的学习实现自己的梦想。然而，并不是所有人都能在离开校园的时候梦想成真。在同样的大学校园里，不同的人过着完全不同的生活，一切都源于各自不同的选择。那么，你会选择如何度过大学的时光呢？

任务实施

步骤一：了解榜样的力量及校友的作用。

通过了解榜样力量的作用，引导学生践行榜样力量，志存高远，脚踏实地，在矢志不渝中放飞青春梦想，在不懈奋斗中书写人生华章。

步骤二：登录福建水院校友网，查看了解学院历届优秀校友。通过了解水院历届优秀校友，引导学生树立正确的学习目标，激发学习热情，从而更好地促进优良学风的形成，促进学生成长成才。

点评：无论是老一辈德高望重的水院前辈、奋战在各行各业的优秀中青年校友，还是现在的优秀学子，他们都是水院最卓越的榜样、最鲜明的旗帜，他们以自强不息、追求卓越、求真务实、艰苦奋斗的品质，谱写着水院的历史，锻造着水院的品格，铸就着水院的精神，为我们凝聚前行力量、指引方向。

实战演练

1. 参观学院党建基地暨校史馆，尝试简单介绍历届校友录。
2. 诚邀优秀校友分享自己在水院与人生奋斗的心路历程。

思考训练

如何让自己成长为企业需要的人？

任务二　领略校友风采，感悟榜样力量

任务目标

能力目标：了解水院优秀校友成长成才故事，树立典型、汇聚人心、传递力量，鞭策和引导今日学子学习先进、扬名争先，践行水院精神。

知识目标：熟知水院人故事、领略校友风采。

素质目标：充分展现校友在求学、工作和生活中的珍贵记忆和心得感悟，特别是生动呈现校友在毕业后扎根基层、励志图强、创新创业的感人故事，使学生珍惜大学生活，做好人生规划并朝着目标不懈奋斗，将来在各行各业都可以成为水院的"重要窗口"。

任务描述

星霜荏苒，日月不居，踏出水院校门后的校友们或博览群书、笃实好学，在日复一日的坚持中追寻梦想与未来；或明德向善、舍己为人，在爱与奉献中让人生散发璀璨光芒；或携笔从戎，百炼成钢，在仗剑天涯中挥洒青春热血，保卫一方家园；或求真务实、深耕一线，默默地把热情倾注在图纸上，把汗水挥洒在故障抢修复电工作一线，用青春践行了水利电力行业基层工作者艰苦奋斗、甘于奉献的精神……他们是我们应该树立的优秀典范，是值得我们学习的水院榜样！通过充分展现校友在求学、工作和生活中的珍贵记忆和心得感悟，特别是生动呈现校友在毕业后扎根基层、励志图强、创新创业的感人故事，在水院中树立典型、汇聚人心、传递力量，鞭策和引导今日学子学习先进、扬名争先，践行水院精神。

【案例故事】

（一）电力 9042：陈芬——电网调度就是她的星辰大海

在南安供电公司调控中心，经常会看到一个在认真地与调度员热烈讨论着如何优化故障处理的身影，看到一个对配网自动化建设侃侃而谈的身影。一身制服常伴左右，一段段经历写满衣角，26 年如一日，在平凡岗位上奋发有为，尽展巾帼风采，书写精彩人生。她就是南安公司调控中心主任陈芬，一个优雅聪慧、又处事不惊泰然自若的巾帼英才、建功标兵。

1. 细致严谨担重责

作为南安地区电网的指挥抢修中心，调控中心担负着调度管理电网安全稳定运行的重任。在过去忙忙碌碌的日子里，她与调度人员同甘共苦，风雨同舟。由于北部雷电频发，南部深受台风及粉尘影响，特殊的地理位置使南安地区输电线路和配电设备事故频发。每逢恶劣天气，调度台的铃声便此起彼伏。每当这时都可以看到陈芬的身影，她深知电网抢修指挥快速反应和正确决策的重要性和必要性，坚守在调控一线熬夜奋战。2016 年台风"莫兰蒂"来袭，面对数百条 10kV 线路跳闸，创新推行"辖区内 10kV 分支线路调度权、工作许可权下放"工作，带头深入受灾严重地区，在大面积停电的石井、水头指挥分部形成区域联络站，实时更新抢修进度，及时调整抢修方案，确保最快速地抢修、复电。2017 年结对泉州地区调控中心联合开展石井片区调度权下放应急实战演练，并对实战过程中暴露出来的问题进行分析，总结经验教训，不断完善互援体系建设。在 2018 年第 8 号台风"玛利亚"期间主动请缨派遣业务精湛的调度员支援霞浦县调，迅速、高质量地完成支援行动。新时代呼唤新担当，她用女人的细致，巾帼的意志，坚守着对工作的承诺，义无反顾地承担起守护电网安全的神圣职责。

2. 精益求精创新业

随着电网不断扩大，困难也不断增多，陈芬从不退缩。面对配网自动化新形势，她勇于思索、敢于创新。2014 年，从组织调控中心主动配网故障研判到架空型配电网级差保护馈线自动化的建设应用，每遇到故障研判等配网自动化建设过程中出现的问题，她总是抽丝剥茧，仔细分析问题，保障电网安全。一分耕耘一分收获，目前"南安版"级差保护馈线自动化的应用成效获得国网、省市公司的充分肯定。陈芬也多次受邀参加技术专业会，分享级差保护馈线自动化的应用成效和典型经验。2017 年"10kV 架空线路配电自动化建设"项目在全国智能配电网技术年会评为科技成果优秀奖并在会上发布。她精技能，重才干，爱岗位，创新业，让本职工作和创新活动相互促进，相得益彰，从而结出丰硕的成果。2019 年 1 月，其主要负责的《基于一二次融合开关的新型架空线路馈线自动化建设》获国网福建省电力有限公司 10kV 及以下配电网标准化建设"三比三赛"——"比管理"（典型经验）评优项目。"10 千伏配网柱上开关"三遥"终端改造的研究与应用""农村配网柱上开关保护多级配合技术的研究与应用"项目分别获得国网福建省电力有限公司 2016 年度科学技术奖群众性创新一等奖、二等奖。主要负责的"'芯'电感应——基于一二次深度融合与物联应用的配网故障智慧处理"项目，在国家电网第五届青年创新创意大赛中获得金奖。

国家电网有限公司第五届青年创新创意大赛

3. 爱岗敬业结硕果

跋山涉水，秉一份执着。一路的坚持与负责，让电网调度有了安全保障，创造出一串串辉煌。由五个班组，九大专业组成的调控中心在陈芬的带领下，不断开拓着新局面，荣获了2017年度国网福建省电力有限公司调度控制管理先进单位的荣誉，部门调控运行班、二次运维班获得省公司"五星级班组"称号并被确定为泉州公司年度企业文化示范点。而陈芬本人也获得省公司"巾帼建功标兵""优秀共产党员""南安市劳动模范"等荣誉称号。没有数十年如一日的忙碌付出，哪得如今的硕果累累？

"我只想把事情做得更好！"这是陈芬常挂在嘴边的一句话。虽然不着红妆，但在工作岗位上，奋斗让她英姿飒爽、美丽异常。工作上，她巾帼不让须眉，精益求精，不断思考，不断探索。建功新时代，巾帼绽芳华，她用实际行动为青年员工树立了良好榜样，扬帆再启航。

（二）水电1533班：卢佳成——新时代工匠精神践行者

卢佳成，2018年毕业于福建水利电力职业技术学院，毕业后入职中铁隧道集团三处有限公司，现任深中通道S03标项目工程部技术员。他锐意求新，只因不甘平庸；刻苦钻研，只为追求卓越；以扎实的作风、稳健的态度践行着一名测量员精益求精、百折不挠的精神，用实际行动展现出青年的蓬勃朝气。先后荣获2019年度中铁隧道局集团公司青年岗位能手称号，2020年度河南省总工会五一劳动奖章。

1. 秉承校训，专业技能水平过硬

卢佳成在校期间品学兼优，始终秉承福建水院"精求技能　崇尚文明"的校训。在校学习期间，卢佳成荣获五次综合素质奖学金、两项次省赛一等奖及国赛三项次二等奖以上奖项。他作为一名特困生，在扎实掌握自身所学的水利水电建筑工程专业技能的同时，还积极参加学校组织的测量技能培训，通过汗水与努力，在层层选拔中脱

颖而出，顺利进入校队，参加了全国、省、市级组织的各类测量技能比武，并以精湛的技术多次取得优异成绩。

优秀校友卢佳成

卢佳成在测量工作现场

2. 滴水穿石，勤勉细致脚踏实地

2017年，卢佳成参加了学校组织的毕业生大型供需见面会，并以扎实的知识和技能通过了中铁隧道集团分公司的面试，在中铁隧道集团三处有限公司的测量岗位上开始了自己的职业生涯。虽然在学校学的不是测量专业，但丝毫未影响卢佳成对测量这个岗位的热爱。

在工作中，卢佳成尽职尽责，严格要求自己。他一方面根据大学所学的知识进一步提高理论水平；另一方面积极向同事虚心请教，在现场工作过程中反复实践和操练，把所有业余时间都用在理论学习和实操实练上，将自己的满腔热情完全投入到忘我的工作中。卢佳成吃苦耐劳，勇于实践，立足现场、深入现场、服务现场，通过实践所得的知识与经验提高了自己的实操能力以及解决问题的能力。测量工作容不得出现半点差错，每接到一个任务时，他都高度重视，认真对待，把工作做细、做扎实，高质量、高效率地完成每一个任务。

3. 精益求精，努力争当技术标兵

卢佳成入职以来始终保持着"精益求精"的劲头，秉承着对职业的敬畏、对工作的执着、对工程项目的高度负责，始终以一丝不苟的工作作风，以"零差错""最完美"的高标准高要求开展工作，以实际行动争当项目技术标兵。在新工艺的测量施工放线中，他主动配合现场，充分利用掌握的理论知识，结合现场实际情况，提出合理化建议。

2019年6—7月，卢佳成通过了测量分公司的集训选拔，分别获得中铁隧道局集团公司、深圳市建筑业协会举办的测量职业技能竞赛参赛资格。他虚心向领导请教，与队友团结协作，最终获得"中铁隧道局第十三届员工职业技能竞赛"测量工比武个人第二名、团体第三名，"2019年深圳建筑业职业技能大赛"测量比武第二名。

干一行爱一行，专一行精一行，唯有做到专业与敬业、精益求精，才能更好地学以致用。卢佳成深知业精于勤、学无止境，为此，他始终坚持一丝不苟，追求卓越、至善的"工匠精神"，在平凡的岗位上以极强的责任心、饱满的热情和良好的心态全身心地投入到工作中。

（三）水电1531班：张燕珠——95后"网红"村长领头"燕"

张燕珠，1996年出生，中共党员，2018年毕业于福建水利电力职业技术学院，现任漳州市南靖县南坑镇南高村村主任。

张燕珠于2018年参加南靖县南坑镇南高村村级换届选举，最终以1065票的高票，98％当选率当选新一届南高村村主任，成为全县最年轻的村主任。关于她的文章《她，22岁，南靖最年轻的女村主任》《从哭鼻子干起的女村主任》《"网红"女村主任：我为家乡代言》《95后"网红"女村长》《95后女村官"带货"记》等在"央广网"、"人民网福建频道"、"中国青年网"、"中新网"、福建《新闻启示录》、微信公众号"南靖之窗"等媒体平台广泛传播，引起广大网友热议，成为"网红"村主任。

　　南高村有13个村民小组，389户，1438人，面积16km²，村民主要经济来源以种植农业为主。任职以来，张燕珠一直着手于南高村乡村振兴工作，为建设美丽南高，带领村民发家致富做了许多实事好事，得到群众的一致好评。

张燕珠与村两委处理材料

　　1. 脱贫致富，网红村长领头"燕"

　　作为村里"大家长"，如何带领村民脱贫致富，实现乡村振兴，成了张燕珠矢志不渝的奋斗目标。上任以来，张燕珠走家串户了解村民需求，整治村容村貌，推广发展高优农业、开展电商知识培训……这位初出茅庐的小姑娘带着一股拼劲，摸着石头过河，对如何当好"领头雁"逐渐有了自己的思路。村民们在种植上常遇到一些病虫

张燕珠直播介绍当地农产品

害问题，张燕珠便与几位村干部邀请种植专家、科技特派员，对村民们进行培训与指导，从而提升了农产品的品质。作为基层治理的"新生代"，张燕珠紧跟潮流，探索以直播的方式助力农产品的销售。从2019年开始，她一有时间就手持自拍杆，走到乡间地头，用镜头展示家乡的一草一木、乡风乡情，用甜美声音推介特色产业，帮村民"带货"。

2. 凝心聚力，共建康庄致富路

张燕珠努力工作，服务新农村。为了创造顺畅的道路交通条件，张燕珠和村两委一起，积极向上争取资金，持续推进村中道路硬化，促使一条条泥土路变身水泥路。在他们的共同努力下，南高村实现了全村组组通水泥路。

3. 砥砺奋进，多措并举奔小康

近年来，南高村以"特色农业富民，生态旅游兴村"为发展理念，立足本村实际，因地制宜，发展兰花、香蕉、葡萄柚、台湾茂谷柑等优势产业，靠山吃山，带领村民大力发展经济作物。张燕珠带领南高村走特色农业发展之路的同时，通过将南高村景点与南坑体育特色小镇、乡村旅游休闲集镇串联起来，全力打造"闻香之旅""体育休闲之旅"，大力推进南靖县"全域旅游"共同发展。通过与村两委不断摸索，一张集休闲生态、体育文化、兰花文化、朝圣文化、乡贤文化于一体的乡村振兴旅游发展蓝图也逐渐在张燕珠的脑海里绘就。

村中事务繁杂，基层治理并没有想象中简单，缺乏经验的张燕珠屡屡碰壁。道路硬化、危房改造、电商发展、旅游撬动、疫情防控等诸多工作，都饱含了张燕珠的泪水和坚持。然而，哭一次便成长一次，张燕珠以她的真诚和务实，换来了村民的信任与支持。

张燕珠作为一名村主任，没有惊天动地的事迹，但她却能从村民角度出发，换位思考，解群众之忧，办好事实事，全心全意为人民服务！

张燕珠与村两委一起征地

张燕珠与村干部进行疫情防控排查

点评：榜样无处不在，榜样的力量无所不至，我们树立榜样、学习榜样、争做榜样，就是想在全校范围内形成崇德向善、见贤思齐的浓厚氛围，激励每个人与榜样对标、以榜样为镜，不断追随榜样的脚步，努力有所作为，绽放华彩；它引导学生奋发向前，激励学生成长成才，提倡同学们要把个人理想融入国家和民族的事业中，勇做走在时代前列的奋进者、开拓者。

伟大的精神，不因岁月的流逝而褪色。榜样的名字，不因斗转星移而磨灭，从水院先贤前辈，到今天的优秀学子，都是卓越的榜样和典范，为我们凝聚起前行路上的巨大力量。同学们，一切伟大成就都是接续奋斗的结果，一切伟大事业都需要在继往开来中推进。新时代必将是大有可为的时代，让我们一起在榜样的感召和引领下，拥抱新时代、奋进新时代，为国家现代化建设、法治中国建设和中华民族伟大复兴贡献更多、更大的力量，让青春在为祖国、为人民、为民族、为人类的奉献中焕发出更加绚丽的光彩！

任务实施

步骤一：聆听水院人的故事。

通过"身边榜样 前行力量"的活动，邀请老教师、老前辈现场宣讲和视频交流，让同学们近距离接触这些优秀的校友。让同学们以此为起点，刻苦读书，发奋学习，发挥榜样力量。

步骤二：邀请优秀校友开设讲座。

韶光流逝，时代变迁，水院历经沧桑，走过了 91 个年头，91 岁的水院积淀了深厚底蕴，培养了一批又一批的优秀学子。他们投身于祖国建设的各个领域中。励精图治、执着奉献，彰显出水院人独有的风采。这节课，让我们再次出发一起领略水院杰出校友的风采，感悟他们身上的榜样力量！

实战演练

    1. 我与优秀校友面对面。

    2. 我想对校友说些什么？

思考训练

    1. 我该如何让自己变得越来越优秀？

    2. 我们要如何对标优秀校友的榜样力量，践行初心使命？

项目五 "我"的职业

项目描述

"我"是谁，"我"要做什么

尼采曾说："聪明的人只要能认识自己，便什么也不会失去。"随着社会的飞速发展，人们对于自我的认识也应该进入一个突破性的新阶段。机会总是留给有准备的人。大学生都希望自己在择业时能少走弯路，尽快进入角色。这就要求大学生在择业前对自身进行全面的了解和评价，这是进行清晰自我定位的基础，是个人职业与事业生涯的起点。本项目把自我认知与职业生涯规划有机结合起来，使学生将自己的职业生涯规划建立在可靠的自我定位基础上，选择合适自己的职业，进而能够充分认识自身、发掘自身潜力、实现自身的职业理想。

任务一 找回真我——自我认知与职业探索

任务目标

能力目标：引导学生对自我的生理和心理进行探索，懂得如何认识自我，对自我的兴趣、性格能力和价值观进行探索，树立正确的职业理想，确立明确的职业目标。

知识目标：学习职业兴趣、职业性格、职业能力、职业价值观的含义，理解个人职业的选择因素，洞悉职业兴趣、职业性格、职业能力、职业价值观以及职业生涯发展之间的相互作用影响。

素质目标：培养学生对自我和职业的探索以及主动适应职业的意识，使学生更加热爱专业，为职业生涯规划奠定坚实基础，从而促进个人职业发展。

任务描述

自知对于职业规划至关重要。《道德经》中有一句哲言："知人者智，自知者明。"能了解、认识别人叫作智慧；自知，自己了解自己；明，看清事物的能力。自知之明指了解自己的情况，并对自己有正确的估计。人贵有自知之明，只有明确认知自己，才能量身定择一份合适的职业，才能根据自身的发展变化不断修正职业生涯规划，也才能知道并从事自己愿意做、喜欢做、有能力做、适合做的工作。

职业兴趣、职业性格、职业能力、职业价值观是职业选择和发展中的重要因素。通过全面探索职业世界的各个因素，能够重新定位自己的价值，并持续增值，能够合理评估个人目标与现实之间的差距，学会运用科学的方法采取可行的步骤和措施，不断增强自己的职业竞争力，最终实现职业目标。

知识准备

一、自我探索——我是谁

"尺有所短,寸有所长,物有所不足,智有所不明。"人总是"有所为,也有所不为"。长于此而薄于彼,很难样样会、行行通。战国时期的齐国高士鲁仲连曾经对孟尝君说过:善于攀援树木的猿猴,倘处于水中,就不如鱼鳖;日行千里的骐骥,要论历险乘危,就赶不上狐狸。所以,人之才性不同,关键要了解自己,认识自己的个性,扬长避短,才能在将来的择业、就业中处于有利的位置。

职业选择与发展是人生重大课题之一。在作出职业选择前,每一位大学生都应明确"我是一个什么样的人?我将来想做什么?能做什么?"等一系列问题。特质因素论创立者帕森斯早在20世纪初期就提出了职业选择的三大任务:正确了解自己、了解外部世界和职业决策。而其中,正确了解自己是职业选择与发展的前提和基础。只有认识了自己,才能取己所长,避己所短,才能进行准确的职业定位,确定最佳的职业目标,设计合理的职业生涯路线,对职业进行系统的整体规划。自我认识的内容包括自己的兴趣、特长、性格、学识、技能、智商、情商、思维方式及社会中的自我等。

对于每个人而言,要认识自我就需要进行自我探索,并通过自我探索形成综合的职业自我概念。自我探索是一个复杂、渐进、终身的过程,自我探索的复杂性、渐进性、终身性决定了个体必须要从多个方面、采用多种方法对自我进行分析和了解。学习自我探索的维度和方法,对于大学生科学认识自我具有非常重要的意义。

【案例故事】

小蒋是2012年毕业的大学本科生。刚毕业时,学校推荐她到省城一家教育机构从事文案编辑工作,但由于文笔不好,她始终没有做出让领导认可的工作成绩,每天上班的压力越来越大,于是小蒋主动辞职了。第二份工作是在一家公司当文员,平时做一些收发邮件、文档编辑之类的琐碎工作,小蒋感觉工作枯燥乏味且学不到什么东西,于是又辞职了。后来她又陆续找了几份工作,都和前两份工作差不多。目前,小蒋在一家外企做经理助理,对于这份工作,小蒋还比较满意。最近同学聚会,小蒋发现周围的老同学个个都比自己强,以前在学校成绩比她还差的同学,现在都已经当上经理了,有的同学还自己开公司。再看看自己,只不过是一个经理助理,干一些琐碎的事情。小蒋越想越自卑,可想来想去,除了文员、经理助理之外也想不出其他自己可以胜任的工作了,她该怎么办呢?

分析:小蒋遇到的问题是典型的"职业迷茫"问题,她应该客观地认识自己,然后再根据自身性格、兴趣爱好、自身特长等来选择相匹配的职业。

(一) 自我探索的维度

自我探索也需要从多方面进行,包括个体的人口学特征、外显特征,如性别、年龄、体貌特征等;个体心理特征,如兴趣、性格、价值观等。

1. 生理我

生理我即个体对自己生理属性的认识,包括对自己的身体特征和生理状况的认识,如认识自己的高矮、胖瘦、力量的大小、体质的强弱等内容。生理我使个体把自我和非我区别开来，认识到自己的生存是寄托在自己的躯体之上的。生理我是自我中最基本的内容，是其他自我内容的基础，它也是在自我形成过程中最早形成的内容。认识自我最早是从认识生理我开始的。

2. 心理我

心理我是个体对自己心理属性的认识，包括对自己的感知、记忆、思维、价值观、性格、能力、兴趣、需要等方面的认识，它使个体认识到自己的心理特征和心理倾向。心理我是职业自我的核心内容，也是自我探索的重点领域，它对一个人的职业选择和发展都起着至关重要的作用。

3. 社会我

社会我是个体对自己社会属性的认识，是对自己在社会和集体中的地位、他人对自我期望的认识，包括个体对自己在各种社会关系中的角色、地位、权利、义务等的认识。社会我是由历史、文化、社会塑造的。

（二）自我探索的方法

1. 360°评价法

360°评价法指通过多渠道收集与自己密切相关的、来自不同层面人员对自己的评价信息，并结合自己的观察、内省、综合分析和比较，全方位评价自己的方法。如通过收集父母、亲戚、同学、朋友、领导、老师、合作者等众多社会关系人员对自己的评价信息，来全面地了解自己的特质、优缺点等，正确认识自己。

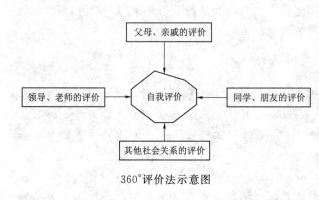

360°评价法示意图

2. 橱窗分析法

通过把对个体的了解比喻成一个橱窗，借用直角坐标系不同象限来探究人的不同部分。以别人知道或不知道为横坐标，以自己知道或不知道为纵坐标，把自我分成四个部分，即四个橱窗。

橱窗1：公开的我，指的是自己知道、别人知道的部分，是个人展现在外、无所隐藏的部分，如外貌、身高、年龄、学业情况、婚姻状况等。

橱窗2：隐藏的我，指的是自己知道、别人不知道的部分，属于个人不外显的隐私和秘密的部分，如喜欢、嫉妒、怨恨、厌恶等不愿表露的缺点或心愿、情感等。

橱窗3：潜在的我，指的是自己不知道、别人也不知道的部分，属于有待开发的部分。它可以通过一些测评工具来发掘，也可以在平时的学习和实践中通过各种尝试来发现自己的潜力。

橱窗4：脊背的我，指的是自己不知道、别人知道的部分，属于自己看不到、别人却看得很清楚的部分。这可采取与他人开诚布公的语言交流、信件交流等方式来向别人了解。

3. 自我测试法

自我测试法包括气质量表、智力量表、职业倾向测验、人格测验等。

注意：测试题的信度、效度、测试时的环境、测试者的心态心情等都会对测试结果产生影响；许多测试题都是从国外引进的，这其中存在着文化差异；青年人的可塑性极强，所有测试结果只是帮助你了解自我目前的状态，而不是给自己贴上标签。

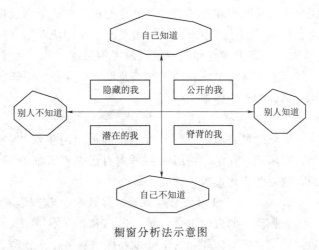

橱窗分析法示意图

【课堂训练】

课堂游戏："我是谁?"

目的：认识自我。

游戏步骤如下：

(1) 10 分钟之内，写下 10 个"我是……"。要求所写内容能反映个人特点，真正代表自己。

(2) 将自己所陈述的 10 项内容从身体状况、情绪状况、才智状况、社会关系状况等方面进行归纳。

(3) 仔细分析自己的分类，从中你能得到什么启发？

二、职业兴趣探索——我喜欢的职业

【案例故事】

小李在高考填报志愿时懵懵懂懂，不知道如何选择专业。别人问他："你喜欢什么?"他却发现并不清楚自己真正喜欢什么。最后他听从了父母的意见，选择了计算机专业。进入大学以后，小李对计算机专业开设的课程越来越不感兴趣，无论如何努力，成绩也不理想，他变得郁郁寡欢。

小白有不少特长，从小到大，她学过唱歌、绘画、围棋、羽毛球……还获得过不少奖项。面对职业选择时，她也想知道，到底什么才是自己真正的兴趣呢？

每个人因喜好不同，就会有不同的选择。兴趣是影响一个人职业选择和发展非常重要的情感性倾向因素之一。大学生应该将自己的兴趣与未来的职业结合起来，首先要正确认识自己，了解自己的兴趣，然后将兴趣与自己的专业和职业目标结合起来。

(一) 兴趣

兴趣是一种心理倾向，它促使个体力求认识、掌握某种事物或参与某项活动。一般来说，个人对某种职业感兴趣，就会对该种职业活动表现出肯定的态度，并在工作中积极思考、探索、创造和追求，从而表现出较高的职业适宜度。

（二）职业兴趣和职业生涯发展的关系

职业兴趣是个体获得工作满意度、职业稳定性和职业成就感的重要影响因素，已成为职业选择的重要因素。

1. 职业兴趣影响职业选择

大学阶段是职业兴趣日臻完善和成熟的阶段，它可以为职业生涯选择提供重要的依据。在求职过程中，他们常会考虑自己对某方面的职业是否有兴趣，一旦对该职业感兴趣，就会坚定地追求，并为之尽心竭力。

2. 职业兴趣可以使个体提高工作效率，充分发挥才能

兴趣产生的内驱力会形成不断进取的工作精神，在不自觉中推动职业人排除种种困难，激发他们对该职业的求知欲和探索热情，充分调动其积极性，使其积极思考、情绪饱满、想象丰富，智能和体能进入最佳状态，最大限度地施展才华、挖掘潜力，发挥主动性和创造性，最终在职业生涯中获得成功。

【知识链接】

研究资料表明，如果一个人对某一职业有兴趣，就能发挥出他全部才能的80%～90%，并且能较长时间保持高效率而不感到疲劳；而对从事的职业缺乏兴趣的人，只能发挥其全部才能的20%～30%，而且他们容易感到疲劳、厌倦。

3. 职业兴趣增强职业生涯适应性，影响工作满足感和幸福感

广泛的兴趣能够使个体善于应付多变的环境，即使变换工作性质，他们也能很快地熟悉和适应新的工作。如果一个人从事的工作是自己喜欢的，那他就会更愉快，对工作会更有激情，就能全神贯注、积极热情，富有创造性地努力完成所从事的工作，更有可能在该工作中获得满足感和幸福感。

（三）霍兰德职业兴趣理论

霍兰德于1959年提出了具有广泛社会影响的职业兴趣理论。他认为，职业选择是人格的一种表现，而个人的兴趣类型也就是人格类型。自20世纪70年代以来，霍兰德提出了一系列的研究假设和成果。他认为：①职业选择是人格的一种表现，某一类型的职业通常会吸引具有相同人格特质的人，这种人格特质反映在职业上就是职业兴趣；②大多数人的职业兴趣可以归纳为6种类型：现实型（Realistic type，简称R）、研究型（Investigative type，简称I）、艺术型（Artistic type，简称A）、社会型（Social type，简称S）、企业型（Enterprising type，简称E）、常规型（Conventional type，简称C）；③个人的职业兴趣往往是

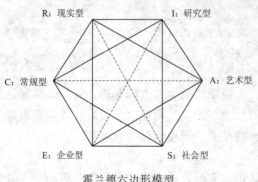

霍兰德六边形模型

多方面的，很少仅集中在某一种类型上。每个人可能都或多或少地具备这 6 种职业兴趣，只是偏好程度不同。

1. 现实型职业兴趣的特点

共同特点：愿意使用工具从事操作性工作，动手能力强，做事手脚灵活，动作协调；偏好于具体任务，不善言辞，做事保守，较为谦虚；缺乏社交能力，通常喜欢独立做事。

典型职业：使用工具、机器，需要基本操作技能的工作；要求具备体力、机械方面的才能或与物件、机器、工具、运动器材、植物、动物相关的职业，如技术性职业（计算机硬件人员、摄影师、制图员、机械装配工等），技能性职业（木匠、厨师、技工、修理工、农民等）。

2. 研究型职业兴趣的特点

共同特点：是思想家而非实干家，抽象思维能力强，求知欲强，肯动脑，善思考，不愿动手，喜欢独立的和富有创造性的工作；知识渊博，有学识才能，不善于领导他人；考虑问题理性，做事喜欢精确，喜欢逻辑分析和推理，不断探讨未知的领域。

典型职业：侧重于智力的、抽象的、分析的、独立的定向任务；要求具备智力或分析才能，并将其用于观察、估测、衡量、形成理论、最终解决问题的工作，如科学研究人员、教师、工程师、计算机编程人员、医生、系统分析员等。

3. 艺术型职业兴趣的特点

共同特点：有创造力，乐于创造新颖、与众不同的成果，渴望表现自己的个性，实现自身的价值；做事理想化，追求完美，不重实际；具有一定的艺术才能和个性；善于表达、怀旧，心态较为复杂。

典型职业：要求具备艺术修养、创造力、表达能力，直觉性强，并能够将其用于语言、行为、声音、颜色和形式的审美、思索和感受的工作，如艺术方面（演员、导演、艺术设计师、雕刻家、建筑师、摄影家、广告制作人等），音乐方面（歌唱家、作曲家、乐队指挥等），文学方面（小说家、诗人、剧作家等）。

4. 社会型职业兴趣的特点

共同特征：喜欢与人交往，不断结交新的朋友，善言谈，愿意教导别人；关心社会问题，渴望发挥自己的社会作用；寻求广泛的人际关系，比较看重社会义务和社会道德。

典型职业：要求与人打交道的工作；从事提供信息、启迪、帮助、培训、开发或治疗等事务的工作，如教育工作者（教师、教育行政人员等），社会工作者（咨询人员、公关人员等）。

5. 企业型职业兴趣的特点

共同特征：追求权力、权威和物质财富，具有领导才能；喜欢竞争、敢冒风险、有野心、有抱负；为人务实，习惯以利益（权利、地位、金钱等）得失衡量做事的价值，做事有较强的目的性。

典型职业：要求具备经营、管理、劝服、监督和领导才能，以实现机构、政治、社会及经济目标的工作，如项目经理、销售人员、营销管理人员、政府官员、企业领导、法官、律师等。

6. 常规型职业兴趣的特点

共同特点：尊重权威和规章制度，喜欢按计划办事，细心、有条理，习惯接受他人的指挥和领导，自己不谋求领导职务；喜欢关注实际和细节情况，通常较为谨慎和保守，缺乏创造性，不喜欢冒险和竞争，富有自我牺牲精神。

典型职业：要求注意细节、精确度，有系统、有条理的工作；具有记录、归档、据有？特定要求或程序组织数据和文字信息能力的职业。如秘书、办公室人员、记事员、会计、行政助理、图书馆管理员、出纳员、打字员、投资分析员等。

三、职业兴趣测评：六岛环游

恭喜你！你获得了一次免费度假游的机会，有机会去下列6个岛屿中的一个。

A岛：美丽浪漫的岛屿，岛上充满了美术馆、音乐馆，弥漫着浓厚的艺术文化气息。同时，当地的原住居民还保留了传统的舞蹈、音乐与绘画，许多文艺界的朋友都喜欢来这里找寻灵感。

I岛：深思冥想的岛屿，岛上人迹较少，建筑物多僻处一隅，绿野平畴，适合夜观星象。岛上有多处天文台、科技馆以及科学图书馆等。岛上居民喜好沉思、追求真知，喜欢和来自各地的哲学家、科学家、心理学家等交换心得。

C岛：现代井然的岛屿，岛上建筑十分现代化，是进步的都市形态，以完善的户政管理、地政管理、金融管理见长。岛民个性冷静保守，处事有条不紊，善于组织规划。

R岛：自然原始的岛屿，岛上保留有热带的原始植物林，自然生态保育很好，也有相当规模的动物园、植物园、水族馆。岛上居民以手工见长，自己种植花果蔬菜，修缮房屋，打造器物，制作工具。

S岛：温暖友善的岛屿，岛上居民个性温和，十分友善，乐于助人，社区均自成一个密切互动的服务网络，人们多互助合作，重视教育，充满人文气息。

E岛：显赫富庶的岛屿，岛上的居民热情豪爽，善于企业经营和贸易。岛上的经济高度发展，处处是高级饭店、俱乐部、高尔夫球场。来往者多是企业家、经理人、政治家、律师等。

你总共有15s的时间回答以下问题：

如果你必须在6个岛之中的一个岛上生活一辈子，成为岛民的一员。你的第一选择是哪个岛？第二选择是哪个岛？第三选择是哪个岛？

分享测试结果：

这6个岛分别代表了6种职业类型，分别是R——现实型、I——研究型、A——艺术型、S——社会型、E——企业型、C——常规型。

【案例故事】

为了兴趣我从法学系转入计算机系

找到自己真正的兴趣、爱好，并不是一件很容易的事，有时还要经过很多反复和波折，不过，一旦发现了兴趣所在，每个人都可以在激情的推动下走向成功。

拿我自己来说，我读高一的时候一心想做个数学家，刚进入大学时又打算当一名出色的政治家，可直到大二时我才逐渐发现，自己无法全身心地喜爱数学和政治，学习成绩也只在中游徘徊。与此同时，我接触并喜欢上了计算机，每天疯狂地编程，很快引起了老师和同学的注意。

终于，在大二的一天，我做了一个重大的决定：放弃此前一年多在全美前三名的哥伦比亚大学法律系已经修成的学分，转入哥伦比亚大学默默无闻的计算机系。

我告诉自己，人生只有一次，不应浪费在没有乐趣、没有成就感的领域。当时也有朋友对我说，做一份没有激情的工作将会付出更大的代价。

那一天，我心花怒放，精神振奋，我对自己承诺，大学后三年的每一门功课都要拿 A。如果不是那天的决定，今天的我就不会在计算机领域取得这样的成就；如果不是那天的决定，今天的我很可能只是美国某个小镇上一名既不成功又不快乐的律师。

（资料来源：李开复《做最好的自己》，人民出版社，2006）

四、职业性格探索——我适合的职业

【案例故事】

中国古代教育家孔子非常重视性格在一个人事业发展中的作用。鲁国大夫季康子曾向孔子打听他几个得意门生的才干。季康子问子路可否从政，孔子说，子路个性相当果敢，如果从政，恐怕他过刚易折；季康子又问子贡可否从政，孔子说子贡把事情看得太清楚，如果从政，恐怕他是非太明；季康子又问冉求是否可以从政，孔子说冉求名士气太浓，也不适合从政。可见，一生仕途坎坷的孔子，已经对个人性格对事业发展带来的影响有了深刻的认识。

【案例故事】

有一位女同学，在上学时是班里"东方女性"的代表，文静、内秀、少言寡语。毕业后，她进了一家外贸公司工作。五年后同学们聚会，大家惊异地发现，她的性格与以前相比变化很大，如今的她精明、泼辣、能言善辩。原来，长期的外贸工作磨炼了她，使她逐渐改变了原有的性格，形成了适应职业需要的性格。

思考并回答：这位女同学原来是什么样的性格？参加工作后，她的性格发生了怎样的变化？她的这种变化与什么有关？

（一）性格与职业生涯发展的关系

1. 性格

性格是人们对现实的稳定态度和习惯化行为方式的总和，表现为个体独特的心理特征。性格也称为人格特质，是一个人在生活中对他人、对事情、对自己、对外在环境表现出来的一致性反应方式。每个人在其成长经历中，都会受到生理、遗传、文化、家庭教育、学习经验等因素的交互作用，从而形成自己的独特个性，在不同的情境中表现出特定的气质。了解自己的性格是职业生涯探索中的一个重要部分。

人的性格类型与职业之间具有一定的相关性：一方面是不同的性格类型适应不同的职

业要求；另一方面是从事某种特定职业的人员，会按照职业的要求不断巩固或者调整原有的性格特征，甚至影响职业原有的一些特点。

【课堂训练】

试分析西游记唐僧师徒四人的性格

猪八戒：性格开朗、憨厚单纯；事业缺乏坚定信念、嫉妒心强。

孙悟空：自信正直、果断坚毅；心高气傲、争强好胜，容易冲动。

沙和尚：踏实、忍辱负重，顾全大局；不善言辞，缺乏个性。

唐　僧：心地善良，信仰坚定，不畏艰险，勇往直前；是非不分，盲目慈悲。

2. 职业性格

职业性格是人们在长期特定的职业活动中形成的、与职业联系比较稳定的心理特征。不同的职业岗位需要不同的职业性格。大学生根据职业性格选择职业，能使自己以更高程度上与职业工作相吻合，因而能提高工作效率，更好地承担本职工作。

职业性格的类型可供求职者在选择职业时参考，或自己努力适应职业的需求。

有专家按职业和性格的关系，将职业性格划分为以下9类。

（1）独立型：这类性格的人喜欢计划自己的活动和指导他人的活动；他们在独立和负有职责的工作环境中感到愉快，喜欢对将要发生的事情做决定。

（2）机智型：这类性格的人在紧张和危险的情境下能很好地执行任务；他们在危险的状况下能镇定自如、自我控制，出色地完成任务。

（3）变化型：这类性格的人在新的、意外的活动或工作环境中感到愉快；他们喜欢经常变换工作，追求多样化的活动，在有压力的情况下可以工作得很出色；他们的注意力易转移，他们也易于适应新的工作环境。

（4）重复型：这类性格的人喜欢连续不断地从事同样的工作，喜欢按照机械的或别人安排好的计划或进度办事，喜欢重复有规则、有标准的职业。

（5）严谨型：这类性格的人注重细节，喜欢按一套规则和步骤将工作尽可能做到完美，以便能看到自己付出努力后的工作效果。

（6）协作型：这类性格的人在与人协同工作时感到愉快，他们善于引导他人按客观规律办事，希望得到同事的肯定。

（7）自我表现型：这类性格的人喜欢能够表现自己爱好和个性的工作环境，通过工作来表达自己的思想和情感。

（8）劝服型：这类性格的人喜欢设法使他人同意自己的观点，一般通过谈话或写作来达到目的；他们对他人的反应有较强的判断力，且善于影响他人的态度、观点和判断。

（9）服从型：这类性格的人喜欢按他人的指示办事，不愿自己独立做决策，而喜欢让他人对自己的工作负责。

（二）职业性格与职业生涯发展的关系

我们在选择职业的时候，如果能扬性格之长并避其短，使自己的性格和职业相吻合，发挥性格的最大优势，最容易获得事业上的成功。

1. 适配——帮助个体寻找合适的职位

（1）职业性格与工作匹配：效率高、节能、持久。

（2）职业性格与他人匹配：关系稳定。

个体只有在稳定关系中不断保持效率，在行业中才会有长足的发展。大学生越早探索职业性格越有意义，因为还有机会去适配。

2. 平衡——到其他角色中满足自己的本性

（1）从其他角色补充能量。

（2）丰富业余生活。

（3）获得外界的理解与支持。

3. 接纳——尊重自己和他人，理解自己和他人

（1）每种职业性格类型本身没有优劣之分，在应对现实的过程中，各有利弊。不要以己之短比他人之长，也不要以己之长比他人之短。

（2）只有相对的适配性，没有绝对的适配性。职业性格也和职业兴趣一样，不能直接等同于能力，也不能直接等同于职位。

（3）大学生要学习接纳自己，理解他人。

4. 完善——不断提高自己的适应能力

大学生要接纳并享受职业性格带来的优势，改变或回避职业性格带来的局限。

（1）如果有选择机会，扬长避短是最好的。

（2）如果结合现实，暂时没有更好的选择机会，就要扬长补短，用能力来弥补。

（三）梅尔-布瑞格斯心理类型指标

关于性格的话题，在人类社会已经持续讨论了几千年，而对于职业性格的探索也已发展出许多不同的方法，其中目前应用最广泛的是基于荣格（Jung）心理类型理论的"梅尔-布瑞格斯心理类型指标"（Myer - Briggs type indicator，MBTI）。该理论根据 4 组维度、8 个向度将人的性格分为 16 种性格类型。

（1）外向—内向（Extraversion - Introversion，E - I），是指我们与世界相互作用的方式和能量的疏导方式。外向型的人心理能量指向外部世界，与他人在一起的时候感到兴奋，希望成为注意的焦点，愿意与他人共享个人信息，先行动后思考；内向型的人心理能量指向内部世界，喜欢独处，不愿意成为注意的焦点，只与少数人共享个人信息，先思考后行动。

（2）感觉—直觉（Sensing - Intuition，S - N），是指接收信息的方式。感觉型的人注意和留心事物的细节，用感官接收信息；直觉型的人相信灵感，从整体上看事物。

（3）思维—情感（Thinking - Feeling，T - F），是指作决策的方式。思维型的人崇尚逻辑、公正，通过事实和数据做出决策，很少把个人感情牵涉到决定中去；情感型的人通过个人的价值观和感受做出决定，注重人际和睦。

（4）判断—知觉（Judging - Perceiving，J - P），是指日常生活方式。判断型的人先工作后玩，确立目标并按时完成，注重结果，通过完成任务获得满足；知觉型的人如果有时间就会先玩后工作，有新情况时便改变目标，注重过程，通过接触新事物获得满足。

对以上 4 个维度加以两两组合，便可以得到 16 种性格类型。每个人通过专门的问卷、测试，可以了解自身的性格特点，从而选择适合自己性格类型的职业，这就是该理论的指导思想。下面简要列出 16 种性格类型的特点和适合的职业类型，仅供参考。

（1）内向感觉思考判断型（ISTJ）：安静、严肃，可专注且透彻地学习；有责任感；有逻辑性，并一步步地朝着目标前进，不易分心；重视传统和忠诚。较适合做会计师、账务核查员、工程师、财务经理、警察、技师等。

（2）内向感觉情感判断型（ISFJ）：安静、友好、有责任感和良知，坚定地致力于完成他们的义务，全面、勤勉、精确，忠诚、体贴，关心他人的感受。较适合做健康工作者、图书馆员、服务性工作者、教师等。

（3）内向直觉情感判断型（INFJ）：寻求思想、关系、物质之间的意义和联系；希望了解什么能够激励人，对人有很强的洞察力；有责任心，坚持自己的价值观；对于怎样更好地服务大众有清晰的愿景；在对于目标的实现过程中有计划而且果断坚定。较适合做艺术工作者、神职人员、音乐家、心理医师、教师、作家等。

（4）内向直觉思考判断型（INTJ）：在实现自己的想法和达成自己的目标时，有创新的想法和非凡的动力；能很快洞察到外界事物间的规律并形成长期的远景计划；一旦决定做一件事，就会从开始规划一直到完成为止；多疑、独立，对于自己和他人能力和表现的要求都比较高。较适合做电脑分析师、工程师、法官、律师、工程人员、科学家等。

（5）内向感觉思考知觉型（ISTP）：灵活、忍耐力强，是个安静的观察者，有问题发生就会马上行动，找到实用的解决方法；分析事物运作的原理，能从大量的信息中很快地找到关键的症结；对于原因和结果感兴趣，用逻辑的方式处理问题，重视效率。较适合做手工艺者、建筑工程师、机械工作者、保全服务工作者、统计人员等。

（6）内向感觉情感知觉型（ISFP）：安静、友好、敏感、和善；喜欢有自己的空间，喜欢能按照自己的时间表工作；对于自己的价值观和自己觉得重要的人非常忠诚，有责任心；不喜欢争论和冲突；不会将自己的观念和价值观强加到别人身上。较适合做文书工作者、建筑工作者、音乐家、户外工作者等。

（7）内向直觉情感知觉（INFP）：理想主义者，对于自己的价值观和自己觉得重要的人非常忠诚；希望外部的生活和自己内心的价值观是统一的；好奇心重，很快能看到事情的可能性，使其成为实现想法的催化剂；适应力强，灵活，善于接受，除非有悖于自己的价值观。较适合做艺术工作者、娱乐工作者、编辑、心理学家、社会工作者、作家等。

（8）内向直觉思考知觉（INTP）：对于自己感兴趣的任何事物都寻求找到合理的解释；喜欢理论性的和抽象的事物，热衷于思考而非社交活动；安静、内向、灵活、适应力强。对于自己感兴趣的领域有超凡的集中精力、深度解决问题的能力；多疑，有时会有点挑剔，喜欢分析。较适合做艺术工作者、电脑分析师、工程师、科学家、作家等。

（9）外向感觉思考知觉型（ESTP）：灵活、忍耐力强，实际，注重结果；觉得理论和抽象的解释非常无趣；喜欢积极地采取行动解决问题；注重当前，自然不做作，享受和他人在一起的时刻；喜欢物质享受和时尚；学习新事物最有效的方式是通过亲身感受和练习。较适合做账务核查员、工匠、警察、销售人员、服务性工作者。

（10）外向感觉情感知觉型（ESFP）：外向、友好、接受力强。热爱生活、人类和物质上的享受；喜欢和别人一起将事情做成功；在工作中讲究常识和实用性，并使工作显得有趣；灵活、自然不做作，对于新的任何事物都能很快地适应；学习新事物最有效的方式是和他人一起尝试。较适合做儿童保育员、秘书、督导等。

（11）外向直觉情感知觉型（ENFP）：热情洋溢、富有想象力，认为人生有很多的可能性；能很快地将事情和信息联系起来，然后很自信地根据自己的判断解决问题；总是需要得到别人的认可，也总是准备着给予他人赏识和帮助；灵活、自然不做作，有很强的即兴发挥能力，言语流畅。较适合做演员、神职人员、咨询师、记者、音乐家、公关人员等。

（12）外向直觉思考知觉型（ENTP）：反应快、睿智，有激励别人的能力，警觉性强、直言不讳；在解决新的、具有挑战性的问题时机智而有策略；善于找出理论上的可能性，再用战略的眼光分析；善于理解别人；不喜欢例行公事，很少会用相同的方法做相同的事情，倾向于一个接一个地发展新的爱好。较适合做演员、记者、行销人员、摄影师、销售人员等。

（13）外向感觉思考判断型（ESTJ）：实际、现实主义；果断，一旦下决心就会马上行动；善于将项目和人组织起来将事情完成，并尽可能用最有效率的方法得到结果；注重日常的细节，有一套非常清晰的逻辑标准，有系统性地遵循，并希望他人也同样遵循；在实施计划时坚定而有力。较适合做督导者、行政人员、财务经理、经理、推销人员等。

（14）外向感觉情感判断型（ESFJ）：热心肠、有责任心、易合作；希望周边的环境温馨而和谐，并为此果断地执行；喜欢和他人一起精确并及时地完成任务；对所有事情不分大小都会保持忠诚，能体察到他人在日常生活中的所需，并竭尽全力帮助；希望自己和自己的所为能受到他人的认可和赏识。较适合做美容师、健康工作者、办公人员、秘书、教师等。

（15）外向直觉情感判断型（ENFJ）：热情，为他人着想，易感应，有责任心；非常注重他人的感情、需求和动机；善于发现他人的潜能，并希望能帮助他们实现；能成为个人或群体成长和进步的催化剂；忠诚，对于赞扬和批评都会积极地回应；友善，好社交；在团体中能很好地帮助他人，并有鼓舞他人的领导能力。较适合做演员、咨询顾问、咨询师、音乐家、教师等。

（16）外向直觉思考判断型（ENTJ）：坦诚、果断，有天生的领导能力；能很快看到公司或组织程序和政策中的不合理性和低效能性，发展并实施有效和全面的系统来解决问题；善于做长期的计划和目标的设定；通常见多识广，博览群书，喜欢拓展自己的知识面，并将此分享给他人；在陈述自己的想法时非常强势有力。较适合做行政人员、律师、经理、行销人员、工程人员等。

MBTI类型理论为大学生了解自己的职业性格开启了一个窗口，据此开发的MBTI测验量表，目前也在职业指导中被广泛应用。

五、职业能力探索——我能做的职业

"你能胜任你的工作吗？"求职者在应聘时常常遇到这样的问题。在职业生涯中，能够胜任工作的能力也是事业成功的基础。

（一）能力的分类

能力倾向（Aptitude），指每个人与生俱来的特殊才能，如音乐、运动能力等。它是天生的，但也有可能因未被开发而荒废。因此，能力倾向是一种潜能。遗传、环境和文化都会影响能力倾向的发展。

技能（Skill），指每个人经过后天学习和练习培养形成的能力，如阅读能力、交往能力、表达能力等。

自我效能感（Self-efficacy），指个人对自己的能力以及运用该能力将得到何种结果所持的信心或把握程度。

（二）能力倾向的分类

关于人的能力倾向，传统的智力理论通常以语言能力和数理逻辑能力为整体评判的标准，也就是人们常说的 IQ。1983 年，哈佛大学教授、发展心理学家加德纳提出了多元智力论（theory of multiple intelligences）。他认为，智力是多元的，是由同样重要的多种能力而不是一两种核心能力构成的，而且各种能力不是以整合的形式存在的，而是以相对独立的形式表现出来的。他的研究表明，人类至少有 7 种不同的智力：言语语言智力、逻辑数理智力、视觉空间智力、音乐-节奏智力、身体-动觉智力、交往交流智力和自知-自省智力。

这 7 种智力在个人的智力结构中处于同等重要的地位。每个人都同时拥有这 7 种智力，但它们在每个人身上以不同的方式、不同的程度组合，从而使每个人的智力各具特点。从这个意义上说，加德纳的多元智力理论告诉人们：对于世界上的每个人来说，不存在谁更聪明的问题，只存在不同个体在哪个方面聪明的问题。每个人都是独特的。如果一个人能充分发挥自己独特的天赋，那么就会获得成功。

（三）技能的分类

职业技能是在职业活动中需要具备的能力。职业技能直接影响职业活动的效率和职业活动能否顺利完成。美国的辛迪·梵和理查德·鲍尔斯把职业技能分成专业知识技能、可迁移技能和自我管理技能。这 3 种技能是专门针对职业的要求提出的。

1. 专业知识技能

专业知识技能指那些需要通过教育、培训才能获得的、特别的知识或能力，也就是个体通过学习掌握的知识。专业知识技能也不可迁移，也就是说，它们是一些特殊的语言、程序和学科内容，必须经过有意识的、专门的培训才能掌握。专业知识技能的特点如下。

（1）知识是人类历史经验的总结。

（2）专业知识技能，就是个体掌握的理论知识，用名词表示。

（3）专业知识技能需要通过背诵、记忆获得。

（4）学习专业知识技能不仅要全面，还要系统。

2. 可迁移技能

可迁移技能就是一个人会做的事，比如教学、组织、说服、设计、安装、帮助、计算、考察分析、搜索决策、维修等。可迁移技能的特征是它们可以在生活中的方方面面，特别是工作之外得到发展，且可以应用于工作之中。可迁移技能的特点如下。

（1）可迁移技能是个体能胜任的活动，具体表现为一个人能从事的工作内容。

找回真我——自我认知与职业探索 任务一

（2）可迁移技能往往通过观察、实践、思考、熟练等过程获得，用动词表示。

（3）可迁移技能往往具有通用性。

（4）可迁移技能是用人单位最看重的部分。

事实上，专业知识技能的运用是在可迁移技能的基础之上的。举例来说，一个人的专业知识技能也许是动物学，但怎样运用它呢？是"教授"动物学，还是当宠物医生"治疗"动物，或是"撰写"科普文章宣传爱护野生动物？这些都是可迁移技能。

从这个意义上说，在求职的时候，尽管从来没有从事过某个职务，但只要实际上具备这个职务所要求的种种技能，就可以证明自己有资格去从事它。

3. 自我管理技能

自我管理技能经常被看作个性品质而非技能，因为它们一般被用于描述或说明个体具备的某些特征，如个体在不同的环境下如何管理自己：是勇于创新还是循规蹈矩，是认真细致还是敷衍了事，能否在压力下保持镇定，是否对工作有热情，是否自信等。良好的自我管理技能，能够帮助个体更好地适应周围的环境，应对工作中出现的问题，因此它也被称为"适应性技能"。自我管理技能的特点如下。

（1）自我管理技能是一个人在工作中表现出来的特征和品质。

（2）自我管理技能通常通过认同、模仿、内化等途径获得，用形容词和副词表示。

（3）自我管理技能有时又被称为"职业素养"。

（4）自我管理技能是影响职业生涯成功与否的关键因素。

自我管理技能无论是一个人先天具有的，还是后天习得的，都需要练习。它们可以从非工作领域迁移转换到工作领域。也就是说，耐心、负责、热情、敏捷这些技能并不是通过专门的课程学习到的，而是在日常生活中随时随地培养的。

大学生从校园走向社会之前，培养良好的自我管理技能，学会如何为人处世，是至关重要的。在大学阶段，多参加一些社团活动和社会实践，有助于大学生在实际工作中更好地认识自己，了解自己的长处和不足。还可以通过与他人的比较、听取他人的反馈来更恰当地评价自己。

（四）高职院校学生的专业能力结构

专业能力结构是高职院校毕业生为适应专业性工作所必须具备的专业能力的综合表现。具体有以下几方面。

1. 扎实的专业理论基础

高职院校毕业生的就业，以生产、建设、服务一线岗位为主，并要求他们能够适应行业发展的需要，不断吸纳新知识，及时掌握新技术、新设备。因此，高职学生必须具有较扎实的专业理论基础。以电力专业为例，近年来，中国电力行业迅速发展，行业规模大幅增长，在5G、物联网等高新技术的影响下，中国电力行业进入了转型升级的新时期，"泛在电力物联网""微电网"等规划层出不穷，在相关技术和国家政策的推动下正在逐渐转型与扩张。唯有基础扎实，才能及时掌握该领域的新技术成果；同时，密切结合市场需求现状与发展趋势，以新技术、新产品在市场中占有自己的一席之地，才能生存和发展。

2. 良好的语言文字表达能力

现代社会是一个广泛沟通、互相交流的社会，产品的推广、技术的应用，都需要与用户进行广泛的交流，而具备良好的语言文字表达能力，是这些沟通和交流得以有效进行的基础和保证。高职院校毕业生的就业环境相对宽泛，既可能与专业领域的专家、合作伙伴进行专业问题的探讨，又可能就客户对产品的需求进行应用咨询。此时，能够很好地运用专业知识，以口头语言和文字语言予以表达与交流显得尤为重要。

3. 自我学习新技术的能力

现代社会瞬息万变，对一个专业技术人员来说，自身不断学习与提高的内在动力，是不断延续自己职业生命的根本所在。高职院校的学生要善于运用已有的基础知识，不断钻研、学习相关专业的新知识、新技术，不断将新工艺、新技术应用到生产、建设的各项工作中去。

4. 勇于探索的创新能力

具有强烈的探索和发现的愿望并动手尝试，是专业领域的从业者所应该具备的一种素养。科学技术在迅猛发展，新技术、新产品、新市场的契机也不断出现在人们的面前。善于敏锐地抓住机遇，是事业成功的关键，而这唯有以创新为动力才能实现。

5. 对未来发展敏锐的洞察力

现代社会，无论技术、产品，还是市场，其更新换代的速度之快，已今非昔比。能对行业未来的发展审时度势并敏锐地捕捉发展的机遇，正是一个企业家驾驭企业不断走向成功的法宝。随着地方经济的飞速发展，将会有越来越多的高职院校毕业生走上企业家的创业舞台。因此，大学生应努力形成敏锐的洞察能力，为将来的创业打下良好的基础。

（五）职业技能的要求

有些职业需要个体具备专门的知识或证书（如医学、程序设计、化工等领域），但大部分职业并不要求个体具备什么特殊的专业知识技能，而需要他们具备一些更普遍、一般性的技能和素质（即可迁移技能和自我管理技能）。根据美国"全国大学与雇主协会"（National Association of Colleges and Employers）的调查，美国雇主们最重视的技能和个人品质按顺序排列如下。

（1）沟通能力。

（2）积极主动性。

（3）团队合作能力。

（4）领导能力。

（5）学习成绩。

（6）人际社交能力。

（7）适应能力。

（8）专业技术。

（9）诚实正直。

（10）工作道德。

分析和解决问题的能力。

从中可以看到，第（1）～（6）项都属于可迁移技能，其余的都属于自我管理技能。

（六）职业能力与职业生涯发展的关系

职业能力是职业选择的一个重要条件。人要胜任某一项工作，不仅要具备从事任何职业所需要的一般能力，还要具备所从事职业需要的特殊能力，并习得工作中所要运用的知识和技能。所以，个人在选择职业之前，首先要明确自己的能力倾向，确定职业领域，并习得职业所需的技能，个人的职业发展才能顺利。

1. 适配

大学生在就业前不仅要了解自己拥有哪些能力，还要了解有哪些岗位，每个岗位的基本要求是什么，这样才能找到适配的岗位。

2. 行动

如果发现自己的能力和岗位要求不匹配，大学生就应努力提升自己的技能。

学习分三个层次：专业化（记忆，专业知识技能），职业化（练习，可迁移技能）和事业化（内化，自我管理技能）。在学习过程中，大学生应重点关注以下 3 个问题。

（1）区别专业学习与业余休闲。

（2）加强职业化训练。

（3）积极提升职业素养。

3. 平衡

大学生在努力学习、追求能力与岗位要求匹配的过程中，也要了解平衡的重要性。

（1）工作只是生活的一部分，不是人生的全部。

（2）在工作中重要的是获取成就感、满足感。

4. 接纳

大学生要接纳自己当下的状态，接纳自己真实的样子。只有学会悦己，才能更好地迎接职场的挑战。

（七）能力与技能的测评

1. 智力测评

智力高的人比智力低的人学得快，做得好；不同职业对人的智力要求也不尽相同。在智力测评中，我国主要采用的是韦克斯勒于 1955 年编制、1981 年和 1997 年两次修订的韦氏成人智力测验（WAIS－RC）以及联合型瑞文测验（CRT）。

2. 技能测评

技能测评指的是对一个人技能技巧的实际水平的测验，而不是潜在可能水平的测验，属于成就测验。测验的方式大多数是作业实例测验，如 SRA 听写技巧测验、DAT 语言使用测验、明尼苏达工程类类推测验、业务打字测验等。

3. 能力倾向测评

能力倾向测评可以判断一个人的能力优势与在某一职业成功发展的可能性。此类测验分为普通能力倾向测验和特殊能力倾向测验。

4. 学习能力测评

学习能力测评是用笔试的方式测评学习能力。如升学考试就是一种学习能力的测评，通过考试的人，有能力进入更高层次的院校学习。

【课堂训练】

我的职业技能评估

步骤一：你的专业知识技能有＿＿＿＿＿＿＿＿＿＿＿。

你的可迁移技能有＿＿＿＿＿＿＿＿＿＿。

你的自我管理技能有＿＿＿＿＿＿＿＿＿＿。

步骤二：你未来的工作方向需要的技能有＿＿＿＿＿＿＿＿＿＿。

步骤三：你和工作之间的技能差距有＿＿＿＿＿＿＿＿＿＿。

步骤四：你如何提升技能，缩短差距？

六、职业价值观探索——我最看重的是什么？

【案例故事】

小王是一名外语系的学生。想到大学毕业后的前途，她觉得很迷茫。一方面，她觉得做一名相对稳定的翻译也许挺适合自己；另一方面，她又不满足于只给别人打工，希望能在事业上有自己的天地。从小她的心气就比较高，好强的性格促使她想去拼搏一番。不过，她又能做到什么程度？能让自己满意吗？她很困惑。

分析：鱼和熊掌不可兼得。所谓适合自己的"好工作"，一定是能让自己全身心投入并实现自己价值的工作。

简单地说，价值观就是"某些对你来说很重要或你很想要的东西"。价值观带来目的感，它像人生航标灯一样指引个人到生命空间内的某些地方。这里是意义的中心、需要得到满足的地点以及兴趣得以表达的场所。因此，在职业选择与发展中，价值观是根基，关系到回答"我为什么要工作？"这一根本性问题。

从舒伯的生涯发展理论和马斯洛的需求层次理论来看，个体由于所处的生涯发展阶段不同、社会环境不同，他的需求会发生改变，从而可能导致其价值观的变化。因此，大学生需要对自己的价值观进行探索。一个人越清楚自己的价值观，越了解自己在工作和生活中想要寻求什么、什么对自己来说是最重要的，其生涯发展目标也就越清晰。而当现实环境与理想发生冲突时，他们也更容易做出决策，因为清楚哪些东西是可以放弃的，哪些是不可或缺的。不同的价值观会产生不同的行动选择。而价值观不清晰的人，往往会陷入混乱、难以抉择。

（一）价值观与职业价值观

1. 价值观

价值观往往决定职业期望，影响职业方向和职业目标的选择。在职业规划中，价值观被作为职业定位的最关键因素。只有所从事的职业与自我价值观相符合时，人才不会有心理冲突，才能充分调动起积极性，最大限度地发挥能力，满足高层自我实现的需要，产生成就感。

2. 职业价值观

职业价值观是人们对社会职业需求所表现出来的评价，是人生价值观在职业问题上的反映。它在个体的职业生涯发展中往往起到极其重要的、决定性的作用，甚至可能超过了兴趣和性格对个体的影响。每个人的职业价值观不同，因而对某一职业的评价和取向也会不同。如果在择业时选择了与自己的职业价值观不符的职业，就很难在这个岗位上工作下去。

（二）职业价值观的分类

根据不同的划分方式，职业价值观的种类也不同。

1. 美国心理学家洛特克的 13 种职业价值观维度

洛特克在其著作《人类价值观的本质》（*The Nature of Human - Values*）中提出了以下 13 种职业价值观维度。

（1）成就感：获取社会地位，得到社会认同，希望工作能受到他人的认可，对工作的完成和挑战成功感到满足。

（2）审美追求：有机会多方面地欣赏周围的人、事、物，或任何自己觉得重要且有意义的事。

（3）挑战：有机会运用聪明才智解决困难，会舍弃传统的方法，而选择创新的方法处理事物。

（4）健康：包括身体和心理，工作能够免于焦虑、紧张和恐惧，希望能够心平气和地处理事物。

（5）收入与财富：工作能够明显、有效地改变自己的财务状况。

（6）独立性：在工作中能有弹性，可以充分掌握自己的时间和行动，自由度高。

（7）爱、家庭与人际关系：关心他人，能与他人分享，协助他人解决问题，体贴、关爱，对周围的人慷慨。

（8）道德感：能够与组织的目标、价值观和工作使命不冲突，紧密结合。

（9）欢乐：享受生命，结交新朋友，与他人共处，一同享受美好时光。

（10）权力：能够影响或控制他人，使他人照着自己的意愿行动。

（11）安全感：能够满足基本的需求，有安全感，远离突如其来的变动。

（12）自我成长：能够追求知识上的刺激，寻求更圆满的人生，在智慧知识与人生的体会上有所提升。

（13）协助他人：认识到自己的付出对团体是有帮助的，他人因为自己的行为受惠颇多。

2. 学者田崎仁的九分法

（1）自由：拥有执行任务的高自由度。

（2）经济：经济方面能得到满足。

（3）支配：最看重掌控力或权力。

（4）小康：最看重稳定的生活。

（5）自我实现：从事的是自己擅长的、认为有价值的事情。

（6）志愿：服务或奉献才有意义。

（7）技术：技能在过程中可以获得成长。

（8）合作：与他人合作是工作中最重要的部分。

（9）享受：工作也是为了享受。

这个理论模块的价值观的学习更适用于没有参加工作的人。

3. 阚雅玲的12类职业价值观组成因素

（1）收入与财富：工作的目的或动力主要来源于对收入和财富的追求，并以此改善生活质量，显示自己的身份和地位。

（2）兴趣特长：以自己的兴趣和特长作为选择职业最重要的因素，能够"扬长避短、趋利避害、择我所爱、爱我所选"，可以从工作中得到乐趣和成就感。

（3）权力地位：有较高的权力欲望，希望能够影响或控制他人，使他人照着自己的意愿行动；认为有较高的权力地位会受他人尊重，从中可以得到较强的成就感和满足感。

（4）自由独立：在工作中能有弹性，不想受太多的约束，可以充分掌握自己的时间和行动，自由度高，不想与太多人发生工作关系，既不想治人也不想治于人。

（5）自我成长：在工作中能够获取受培训和锻炼的机会，使自己的经验与阅历在一定的时间内得以丰富和提高。

（6）自我实现：工作能够提供平台和机会，使自己的专业和能力得以全面运用和施展，实现自身价值。

（7）人际关系：将工作单位的人际关系看得非常重要，渴望能够在一个和谐、友好甚至被关爱的环境中工作。

（8）身心健康：工作能够免于危险、过度劳累，免于焦虑、紧张和恐惧，使自己的身心健康不受影响。

（9）环境舒适：工作环境舒适宜人。

（10）工作稳定：工作相对稳定，不必担心经常出现裁员和辞退现象，免于经常奔波找工作。

（11）社会需要：能够根据组织和社会的需要响应某一号召，为集体和社会作出贡献。

（12）追求新意：希望工作的内容经常变换，工作和生活都丰富多彩，不单调枯燥。

4. 职业锚理论

职业锚实际就是个体选择和发展自己的职业时围绕的中心，也指当一个人不得不作出选择的时候，他无论如何都不会放弃的至关重要的东西。

职业锚也可以理解为价值体系中至关重要的东西，那就是底线。这种价值体系不是在职业早期形成的，而是个体进入工作职场后，对工作世界进一步了解，对自己个人能力和工作技能要求不断熟悉后逐渐确立下来的。

职业锚可分成8种：技术/职能型、管理型、自主/独立型、安全/稳定型、创造/创业型、服务/奉献型、挑战型和生活型。

利用职业锚理论可以帮助个体选择当下工作中对他来说最看重的东西。

【课堂训练】

将下面20种价值观按照对你的重要程度进行排序：成就、审美、利他、自主、健康、诚实、情绪健康、正义、知识、爱、忠诚、道德、愉悦、身体外观、认可、技能、财富、智慧、权利、创造性。

20种个人价值观排序

价值观在我们确立生涯目标或职业选择中起着非常重要的主导作用，我们每个人都有一套独一无二的价值系统，当你为了制定一个明智的职业决策而寻求自我认识时，需要明确哪种价值最符合自己的个性，我们需要了解自己的个人价值观以及职业价值观。下面的测试帮助你明了自己的价值观。请你把以下20种个人价值，根据对你的重要程度进行排序，最重要的排在第一位，依此类推。

（1）成就：成功；通过决心、坚持和努力而达到的结果。

（2）审美：为了美而欣赏、享受美。

（3）利他：关心别人，为别人的利益献身。

（4）自主：能够独立地作出决定的能力。

（5）创造性：产生新思想及革命性的设计。

（6）情绪健康：能够克制焦虑的情绪，有效阻止坏脾气的产生；思绪平静，内心感觉安全。

（7）健康：生命存在的条件，没有疾病和痛苦，身体总体条件良好。

（8）诚实：公正或正直的行为，忠诚、高尚的品质或行为。

（9）正义：无偏见，公平，正直；总从真理、事实和理性出发，公平地对待他人。

（10）知识：为了满足好奇心，运用知识或满足求知欲而寻求真理、信息或原则。

（11）爱：建立在钦佩、仁慈基础上的感情。温暖的依恋、热情、献身；无私奉献，忠诚地接纳他人，谋求他人的益处。

（12）忠诚：效忠于个人、团体、组织。

（13）道德：相信并遵守道德标准。

（14）身体外观：关心自己的容貌。

（15）愉悦：是一种惬意的感觉，是伴随着对美好事物的期待和对伟大愿望的拥有而产生的。愉悦不在于表面上的高兴，而更在于内心的满足和喜悦。

（16）权力：拥有支配权、权威或对他人的影响力。

（17）认可：由于他人的反应而感到自己很重要，很有价值；得到特别的关注。

（18）技能：乐于有效地使用知识、完成工作的能力；具有专门的技术。

（19）财富：拥有大量的物质财富；富足。

（20）智慧：具有洞察内在品质和关系的能力；洞察力、智慧、判断力。

（三）职业价值观与职业生涯发展的关系

职业价值观作为一种对事物的态度和信念，决定了人们对职业的期望，影响着人们对职业方向和职业目标的选择。在职业规划中，价值观被作为职业定位的最关键因素。只有所从事的职业与自我价值观相符合时，人才不会有心理冲突，才能充分调动起积极性，最大限度地发挥能力，满足高层自我实现的需要，产生成就感。

职业价值观也往往受到所从事职业的影响而发展变化。通过对所从事职业的认知、了解和体验，人的价值观的内容也会不断改变和更新。从事某项工作之前，对工作的认识是表面的、肤浅的，只有努力经历后，才会有收获，才能体会到它的价值所在。

1. 适配——还有选择机会的时候

（1）价值观可以指导人们作出合理选择。

（2）价值观的满足，是维持职业稳定性的关键。

（3）价值观既是人们追求成功的动力，也是人们克服困难时的意义。

2. 平衡——排序

（1）没有一份工作可以满足人们所有的价值追求，所以在不同的职业生涯发展阶段，个体要对职业价值观组成因素进行排序。

（2）从来就没有什么完美的选择，选择也意味着取舍。

（3）个体需要把自己的价值体系梳理清楚，问自己哪些需要可以在工作中满足，哪些需要要在业余时间中满足；不要对某一个角色期待过多。

3. 适应、舍弃——保护底线

（1）价值观的满足，需要能力的支撑。

（2）个体不仅要考虑个人的价值观，还要同时考虑组织对自己的要求和期待。

（3）在满足个人价值观的同时，要学会与外部环境价值观和平共处。

4. 接纳——理解自己和他人

（1）很多价值观的形成，是潜意识的情结，是非理性的，也不是理性可以完全控制的；所以，个体对待自己和他人的价值观，重要的是理解和接纳，而不是对抗与改变。

（2）尊重是接纳的前提。

【案例故事】

职业价值观的改变

方小明2007年毕业于北京一所大学计算机专业。毕业那一年，曾把当公务员作为自己最理想的职业选择，认为公务员工作稳定、体面、收入可观，也不太累。于是，刻苦学习，准备公务员的考试。笔试成绩比较高，顺利进入面试。但是，面试自觉很糟糕，最后也因面试成绩较差，而没被录用。后来，方小明去了一家公司从事软件开发工作。他在公司表现很好，目前已升为项目经理，并自述："以前总是感觉公务员工作收入稳定、体面、轻松、只要完成领导布置的任务就可以，工作环境好。但现在感觉进公司从事技术工作是正确的选择，这种工作有挑战性、充实、成就感比较强、有利于自我成长，收入也相当可观。"

分析：由此可以看出，方小明在经过工作实践以后，职业价值观发生了改变，也更进一步的认识了自我。

（四）在职业价值观探索中要处理好的 3 种关系

在个人职业价值观探索的过程中，大学生要处理好职业价值观不同要素之间的关系，并根据不同时期、不同情况明确自己的职业核心需求，以便合理制订自己的职业生涯规划和相关策略。

1．处理好职业价值观中个人兴趣爱好、专业特长和职业选择的关系

个人兴趣爱好和专业特长是人们在择业时需要考虑的重要因素。大学生在确定价值观时，一定要考虑它是否与自己的兴趣爱好和专业特长相适应。据调查，如果一个人从事他自己不喜欢的工作，有80％的人难以在他选择的职业上成功。一个人如果选择了自己喜欢的工作则可以充分调动自己的潜能，获得职业发展的原动力。此外，选择一项自己擅长的工作，也会事半功倍。

2．处理好职业价值观中核心价值和其他价值的关系

职业价值观的特性决定人们不会只有唯一的职业价值追求。大学生要对自己的职业价值追求进行排序，找出自己认为最重要的方面，并提醒自己不可能兼得，否则就会患得患失，终其一生也不清楚自己到底想要什么，更谈不上职业生涯的成功和对社会的贡献了。

3．处理好职业价值观中个人与社会的关系

人不能离开社会独立存在，个体只有在工作中为社会服务才能实现自己的职业价值。大学生在选择职业时应考虑国家和社会的需要，他们和个人的需求是可以相互促进的。将人尽其才放在整个社会发展的大背景中去考虑，将个人的奋斗与推动社会的发展结合起来才是大学生理性的选择。

【课堂训练】

请列出你所选择的价值观的前6项：1.＿＿ 2.＿＿ 3.＿＿ 4.＿＿ 5.＿＿ 6.＿＿并回答以下问题。

（1）你是否是自主地选择了这项价值，也就是说从来没有任何人和任何方面把它强加给你？

（2）它是你从众多的价值观中挑选出来的吗？

（3）它是你在思考了所作选择的结果或后果后，被挑选出来的吗？

（4）你是否为你选择的这一价值而感到骄傲（珍视、爱护）？

（5）你是否愿意公开地向其他人声明你的选择，也就是说，在别人面前公开地为它辩护？

（6）你是否能做一些与你选择的价值观有关的事情？

（7）你是否能与你的价值观保持一致的行为模式？

（五）职业价值观测评

在职业价值观探索活动中，可能有人会发现对职业价值的取舍和排序是一个艰难的过程，甚至有人完成了探索活动，仍然不清楚自己想要的到底是什么。例如在"职业价值观分类活动"中，可能会有人发现留下来的最后一种职业价值也不见得是对自己真正重要的。出现这样的情况是正常的，因为大学生还处在建立和形成个人价值观的生涯探索期，有一些混乱是必然的。大学生应认真考虑它们给自己的生活和职业发展带来的影响，并适时作出调整。只有对自己的价值观进行澄清和排序，才能知道如何取舍。

【知识链接】

职业价值观澄清

请回想一下过去一两个月内你参加的5个相对重要的活动。例如，你是如何运用自己的时间、精力和金钱的？你希望如何运用它们，而实际上又运用在了什么方面（如有必要，你也可以从现在开始每天对此进行记录，在一个月之后回顾，以便得出更准确的结果）？你做了什么事情？对一些举棋不定的事情最终作出了什么样的选择？

当你回顾这些决定时，是否浮现出来什么模式？这样的生活形态是你想要的吗？当下你在自我探索活动和价值观测评中得出的价值观，与你在实际生活中作的选择有什么不同？如果这两者之间有差异，思考一下：你是要调整自己的选择，以求更符合自己宣称的价值观呢，还是说那些反映在你行动中的价值取向其实才是你真正相信的？

你回答这些问题的过程，就是价值观澄清。价值观澄清需要投入时间和精力，但这样做是值得的，因为这会有助于大学生从整体出发，更好地为自己的全面发展做出考量和选择。当你依照符合自己健康发展要求的真实价值观行动时，会得到很大的满足。

拉舍等学者指出，真实的"价值"需要具备以下一些基本要素。

1. 选择

(1) 它是你自由选择的，没有来自任何人或任何方面的压力。

(2) 它是从众多的价值取舍中挑选出来的。

2. 珍视

(1) 你是否为你的选择感到自豪？

(2) 你愿意公开向其他人承认你的价值观吗？

3. 行动

(1) 你的行动是否与你选择的价值观一致？

(2) 你是否始终如一地根据你的价值观行动？

对于某件事情，如果个体能对上述所有问题都给出肯定的答复，说明个体确实认为它有价值。如果个体对其中一些问题的回答是否定的，那么个体需要重新思考自己看重什么、想要得到的到底是什么。

【课堂训练】

澄清真实的价值观

使用目的：价值观分析

使用方法：按照指示语填写，然后分析一下填写的内容，发现自己的内在需求、价值观的特点。

在你的生命历程中，影响最深的事情有哪些？你最想做的事情是什么？请完成下面11个句子，你便可以找到一些答案。

我最欣赏的一个理念是＿＿＿＿＿＿＿＿＿＿＿＿＿＿＿＿＿＿＿＿。

在这个世界上，我最想改变的是＿＿＿＿＿＿＿＿＿＿＿＿＿＿＿＿＿。

我一生中最想要的是＿＿＿＿＿＿＿＿＿＿＿＿＿＿＿＿＿＿＿＿＿。

我在下面这种情况下表现最好：＿＿＿＿＿＿＿＿＿＿＿＿＿＿＿＿＿。

我最关心的是＿＿＿＿＿＿＿＿＿＿＿＿＿＿＿＿＿＿＿＿＿＿＿＿＿。

我幻想最多的是＿＿＿＿＿＿＿＿＿＿＿＿＿＿＿＿＿＿＿＿＿＿＿＿。

我的父母最希望我能＿＿＿＿＿＿＿＿＿＿＿＿＿＿＿＿＿＿＿＿＿＿。

我生命中最大的喜悦是＿＿＿＿＿＿＿＿＿＿＿＿＿＿＿＿＿＿＿＿＿。

我认为我自己是＿＿＿＿＿＿＿＿＿＿＿＿＿＿＿＿＿＿＿＿＿＿＿＿。

熟知我的人认为我是＿＿＿＿＿＿＿＿＿＿＿＿＿＿＿＿＿＿＿＿＿＿。

我相信＿＿＿＿＿＿＿＿＿＿＿＿＿＿＿＿＿＿＿＿＿＿＿＿＿＿＿＿＿。

任务实施

步骤一：了解职业探索中各个因素的重要性。

引导大学生认识自我认知以及职业探索中各个因素对职业选择和职业发展的重要性，有助于大学生的职业选择。学生能够认识到在职业选择和职业发展中存在的问题，减少试错成本。

步骤二：学习职业测评的方法和结果运用。通过不同维度的职业测评以及结果分析，全方位地了解个体的职业选择因素，为职业选择提供客观有效的依据。

步骤三：培养学生正确、合理选择职业的能力。充分了解自己的职业兴趣、职业个性、职业能力、职业价值观、自己的优势与劣势等，再进行准确的职业定位并对自己的职业发展目标作出正确的选择。

实战演练

职业体验与职业匹配。

1. 活动目的

通过对职业的充分了解，进行自我兴趣、个性、能力、价值观各方面的匹配分析。

2. 活动组织

同学们分组利用周末时间进行职业体验，写出职业分析，并得出个人与职业的匹配度。

3. 活动总结

(1) 通过职业体验能够充分了解职业所需的各个匹配因素，了解个体在职业选择和职业发展中应该参考的各个因素。

(2) 在职业体验中了解自我后能够更全面地进行自我分析。

思考训练

1. 进行自我探索总结。

2. 完成课程中的职业测评，根据测评结果选择 3 个最想从事的职业，并说明原因。

任务二 职 业 画 卷

任务目标

能力目标：能够运用所学的知识按步骤设计和制订出自己的职业生涯规划；能够结合职业生涯规划书的内容结构和写作要求等知识初步学会撰写自己的职业生涯规划书。

知识目标：了解职业生涯目标的分类和制订职业生涯规划的原则，掌握制订职业生涯规划的步骤，学会撰写职业生涯规划书。

素质目标：培养大学生职业生涯规划的能力，分析和解决问题的能力，收集、分析和整理材料的能力，写作能力。

任务描述

职业生涯规划是实施就业、创业教育的一个重要载体。大学生能否了解自己、规划自己、进一步发掘自身特长对职业发展至关重要。可以说，职业生涯规划就是职业成功的起点。由于每个人的个性特征、文化背景、价值观、能力、知识等均不相同，因此不同人的职业生涯规划也必然不同，但是这并不意味着大学生职业生涯规划没有一定之规。相反，职业生涯规划必须遵循一定的原则和步骤。撰写正确的职业生涯规划能助人走向成功，而错误的职业生涯规划也有可能使人误入歧途。

知识准备

一、职业生涯目标的分类

（一）按时间长短划分

职业生涯目标按时间长短不同可以划分为短期目标、中期目标和长期目标三类。

1. 短期目标

短期目标通常是指时间在 1～2 年的目标，它是中期目标和长期目标的具体化，是操作性比较强的行动目标，有着较为具体的截止日期。短期目标应该是实现中、长期目标的必经之路，是中、长期目标的组成部分。

2. 中期目标

中期目标一般是指 3～5 年的目标，它既是制订和实施短期目标的依据，又是长期目标的重要组成部分。它具有指标量化的特点，并有一定的弹性，在整个目标体系中起着承前启后的作用，也是职业生涯能否有效实施和实现的重点。

3. 长期目标

长期目标一般是指 5 年以上的目标，通常比较粗略、不够具体化，还有可能随着各种客观情况的变化而发生变化，具有战略性、挑战性和动态性等特点。

（二）按目标的性质划分

职业生涯目标按目标的性质可以划分为内职业生涯目标和外职业生涯目标。

1. 内职业生涯目标

内职业生涯是指从事一项职业时提升自身素质与职业技能而获取的个人综合能力、社会地位、价值观念及荣誉的总和。内职业生涯目标主要靠个体努力争取得来，它不随外职业生涯目标的获得而自动具备，也不会因外职业生涯的失去而自动丧失。内职业生涯目标侧重于个体自身因素，主要包括工作能力目标、心理素质目标、观念目标、内心感受目标等因素。

（1）工作能力目标。工作能力是对处理职业中各种问题能力的统称，如能够和上级领导及公司同事无障碍沟通的能力、组织大型活动的规划和组织能力、对自己所负责事务的分析能力等。工作能力目标是指一定阶段内在现有职务上能将工作做得更好。工作能力的提高可以使个体以更新的观念、更充足的知识进行工作，进而得到更令人满意的工作结果。

（2）心理素质目标。心理素质指的是在职业生涯发展过程中遇到障碍时，能够积极应对困难的心理态度、能够经受困难的心理承受力和坚信能够克服困难的信心。心理素质目标指的是经过训练、学习和调整，在职业生涯中能够经受住挫折，正确看待成功，能够做到临危不惧、宠辱不惊。心理素质目标非常重要，最终能够实现职业生涯目标的人和最终没能实现职业生涯目标的人，其区别往往并不在于是否在实现职业生涯目标的过程中遇到困难，而在于心理素质的不同。前者认真寻找真正的不足所在，并努力学习、掌握克服这些困难的方法；后者或者根本没有找到不能实现职业生涯目标的阻力，或者虽然发现了一些困难，但是没有找到合适的方法解决这些困难。

（3）观念目标。观念主要是指对人对事的态度和价值观。观念目标是指个体在工作与学习中要求自己逐步形成的一种观念或态度。工作是人生命的投影，一个人的工作态度折射着人生态度，而人生态度决定一个人一生的成就。一个天性乐观、对工作充满热忱的人，无论是从事低微的工作还是从事受人尊敬的工作，都会认为自己的工作是一项神圣的职业，并怀着深厚的兴趣，不论遇到多少艰难险阻都会有所成就。

（4）内心感受目标。内心感受是指在工作中因发现和应用新的管理方法、创造新的业绩等而带来的内心收获与成就感。内心感受目标指的是在工作中朝有利于事业成功的方向积极努力，并用工作成绩收获新的、正向的心理感受。内心感受目标的正向强化会使个人在工作中的兴趣、成就感和努力程度不断提高。工作成果本身属于外职业生涯目标，但取得工作成果的内心收获和成就感则属于内职业生涯目标。

2. 外职业生涯目标

外职业生涯是指从事职业活动时的外在因素的组合及其变化过程，是在职业生涯过程中所经历的职业角色及获取的物质财富的总和。它是依赖于内职业生涯的发展而增长的。外职业生涯目标一般是具体的，主要包括工作职务目标、工作成果目标、经济收入目标、工作环境目标等因素。

（1）工作职务目标。工作职务目标是指在自己所从事的职业上，在某个阶段内通过努力使自己在职务上达到更高的标准。其主要包括两方面：①现有职务的职责、权力是否能进一步扩大；②职务晋升，一个人只有具备日常工作的能力，才能为其职务的晋升打下基础。因此，在制订职业生涯规划时，内职业生涯目标中的工作能力目标应优于职务晋升目标。

（2）工作成果目标。工作成果目标是指在自己从事的工作岗位上，在某阶段内要达到的具体工作目标和要完成的工作计划。如工作产品在数量和质量上的提高、销售量在总金额上的增长、学者在研究成果上的成绩等。工作成果在一定程度上是直接衡量一个人职业成功与否的外在指标，工作成果目标的实现会增加人的成就感，对人的内职业生涯目标的实现有积极的正面作用。

（3）经济收入目标。经济收入目标是指在某阶段内，个人在工作岗位中薪酬上的增长和个人经济储蓄上的总收入目标。大学生要敢于制定职业生涯的经济目标，但必须结合自身情况。如某保险公司职员根据保险行业的特点和个人目前的发展状况，为自己制定的经济收入目标为 30 岁之前赚取 50 万元、35 岁之前赚取 100 万元。

（4）工作环境目标。工作环境目标是指在某阶段内工作硬件积极的作用。人们带着更好的心情工作，对职业生涯目标的完成也有环境的改善状况。

表 9　　　　　　　　　　**某公司职员的外职业生涯目标示例**

外职业生涯目标	示　　例	外职业生涯目标	示　　例
工作职务目标	2 年内成为公司负责销售的区域经理	经济收入目标	2 年内年薪增加到 10 万元
工作成果目标	创造 A 类产品年销售 10 万元的销售量	工作环境目标	2 年内进入行政办公楼

二、制订职业生涯规划的原则

职业生涯规划不仅要有利于个人职业的良好发展，还要有利于家庭生活质量的提高及个人的全面发展。一份好的大学生职业生涯规划既要目标远大，又不能好高骛远，所以制订科学的职业生涯规划方案必须遵循以下几个原则。

（一）长期性原则

长期性原则又称全程性原则，既要把职业生涯规划的整个过程进行长期、全程性的考虑，也要把职业生涯规划作为系统工程，从一个人一生的角度去实施和调整。职业生涯规划一定要从长远考虑，着眼于大方向，进行长期规划。

（二）差异性原则

人与人之间存在差异是心理学的一条基本原理。在制订职业生涯规划时也要充分考虑个体之间的差异性。适合他人的职业生涯规划并不一定适合自己。因此，在进行职业生涯规划时要注重个性化因素和针对性特征，体现差异性原则。个体之间的性别、年龄、个性、文化背景、家庭和社会背景差异均需要在职业生涯规划中有所体现。

（三）发展性原则

在人的一生中，心理和身体均发生变化，处在发展的过程中。在制订职业生涯规划时要考虑个体的发展变化。在制订和实施职业生涯规划的具体措施时，要充分考虑变化与发展性因素，考虑自己制定的目标和措施是否能顺利实施，是否需要根据自身和社会发展的需要对职业生涯规划进行调整与完善。

（四）阶段性原则

众所周知，个体的发展具有明显的阶段性，在规划职业生涯时也需要遵循这一原则。大学生要充分考虑个人所处的不同发展阶段。如在大学阶段应该以专业学习为主，为以后择业奠定良好的专业基础和技能。刚刚步入社会，应该以适应工作岗位为主，尽快提升自己的职业适应性，为今后的职业发展积累经验。因此，大学生需要有目的、有步骤、有计划地调整和安排自身各个阶段的职业生涯规划，根据职业生涯规划情况制订短期计划、中期计划和长期计划。

（五）挑战性原则

心理学研究表明，目标过低或过高都不利于获得好的结果。职业生涯规划也是如此，过于平庸的职业发展目标不仅不利于个人职业生涯的发展，还阻碍个人职业目标的实现。相反，好高骛远的职业发展目标同样不利于个人的职业发展。因此，在制订职业生涯规划时应注意考虑制定的目标是否具有挑战性，如目标是否对自己具有内在的激励作用，完成计划之后自己是否会产生成就感等。

三、制订职业生涯规划的步骤

一般来说，毕业生职业生涯规划包括认识自我、分析环境、确立职业目标、制定行动方案、评估与调整五个步骤。

（一）认识自我

认识自我是做好职业生涯规划设计的第一步。成功的职业生涯规划的前提是充分地认识自我，包括自己的兴趣、性格、气质、能力、职业价值观等。设定合适的目标首先要正确地自我评估，对自己作全面的分析，认识自我、了解自我，知道自己的兴趣、爱好及特长等方面，清楚自己想干什么、能干什么、应该干什么、在众多的职业面前会选择什么。要通过科学的认知方法和手段，如借助职业测评及周围人的评价等，对自己的职业兴趣、气质、性格、能力进行全面的认识，清楚自己的优势与特长、劣势与不足；评估自我时要客观、冷静，既要看到自己的优点，又要面对自己的缺点。只有这样才能正确、客观地评估自我。

在职业生涯规划设计中，自我评估主要指个人性格、兴趣、能力和价值观的认识与探索。大学生目前对外在自我评估具有较清晰的认识，对社会自我有一定的认识，而对心理自我认识最弱。但是每种职业都对心理自我有具体要求，如会计要求心思缜密、教师要求耐心细致、销售要求灵活多变等。自我评估的四个维度可以通过不断的训练来逐步提高和完善。如兴趣可能随着年龄的增长逐步变化，从梦想成为军人到成为一名优秀教师。在职业生涯规划设计中会更关注长期偏好。个人能力随着高等教育的持续培养会不断地提升，而大学生在总结个人能力时经常会夸大或缩小个人能力，不能正确地分析个人的真实情况，这需要用生活事件或经历来印证，进行正面反馈，增强信心。性格和价值观除了受遗传因素影响之外，后天成长因素也是关键。对于自我的认识，大学阶段既是提升阶段，也是逐渐清晰成型的阶段。

（二）分析环境

职业环境评估包括社会就业环境、行业环境、组织环境的分析与评估等。社会就业环境会对大学生职业生涯规划产生重大的影响。社会就业环境分析要考虑近年来毕业生数量持续增长的情况、经济增长所带来的就业需求情况、当前的就业制度和就业政策情况等。行业环境分析要考虑到行业优势及发展预测、行业需求与变化、自己与行业环境的关系以及行业环境对自己的有利条件和不利因素等。组织环境分析要考虑到组织文化、组织制度、领导人的素质和价值观组织实力等。大学生可通过对职业环境的分析对自己今后的职业进行初步定位，不断调整自己来适应职业环境的变化和需求，明确在什么样的职业环境下能做什么。毫无疑问，职业环境因素对个人职业生涯发展的影响是巨大的。大学生作为社会生活中的个体，只有顺应职业环境的需要，审时度势、趋利避害，最大限度地发挥个人优势，才能实现个人目标。

此外，家庭环境是每个人在进行职业生涯规划时都不得不考虑的一个重要因素、家庭的经济条件、社会关系成员的健康状况及以后的发展趋势等，均与职业生涯发展有关。如家庭经济条件差的可首先考虑就业，而不是再深造，而且所选职业最好是风险小、较稳定的职业。另外，家庭状况不是一成不变的，在进行职业生涯规划时应考虑变化的因素。学校环境也是进行职业生涯规划时必须考虑的重要因素。学校学风正，教学设备完善，拥有良好的国家教育资源，能够使大学生得到更好的高等教育，增强了大学生职场的竞争能力。当代社会的各类职业对大学生知识结构的要求越来越高，在一般情况下，知识面宽、基础知识扎实、专业知识深厚的大学生在就业时更能受到用人单位的欢迎。

（三）确立职业目标

制定个人职业生涯规划的最终目的就是实现自己的职业目标。因此，目标选择是职业生涯规划的核心。确立职业目标就是为职业目标与自己的潜能及主客观条件谋求最佳匹配。职业目标是个人看得见的射击靶、成功之路的里程碑。职业发展应有明确的目标，坚定的目标可以成为追求成功的驱动力。通过自我评估、环境评估和个人分析，个人应当制定出符合自身实际的职业生涯目标。大学生实现个人职业生涯目标需要一个漫长的过程。

职业生涯规划中所确立的目标应该是可预想到的、有一定实现可能性的最长远目标，包括终极目标、长期目标、中期目标和短期目标。应该在对自己的优势、劣势有了清晰判断，对外部环境和各行各业的发展趋势与人才素质要求有了客观了解的基础上制定出与实际相符合的短期目标、中期目标、长期目标和终极目标。目标确立的方法通常是先结合自身条件与现实环境选择终极目标和长期目标，然后通过目标分解分为符合阶段目标要求的中期目标、短期目标。职业目标的选择正确与否直接关系到人生事业的成功与失败。据统计，在选错职业目标的人中 80％的人在事业上是失败者。由此可见，职业目标选择对人生事业发展非常重要。职业确定后向哪一条路线发展，此时要作出选择，因为发展路线不同对职业发展的要求也不相同。因此，大学生在职业生涯规划中必须作出抉择，以便使自己的学习、工作及各种行动措施沿着职业生涯规划路线或预定的方向前进。

【案例故事】

目 标 的 重 要 性

据说跟随唐僧西天取经的白龙马从前住在长安城西的一家磨坊里，它和一头驴是好朋友。平日里，马在外面拉东西，驴在屋子里拉磨。没想到这匹马在昂首西去之后，和驴的命运从此迥然不同。

14 年后，这匹马驮着佛经回到长安。它们相见，这头驴听到白龙马讲种种神话般的见闻后惊叹道："你有多么丰富的见闻呀，那么遥远的道路，我简直连想都不敢想啊！"老马说："其实。我们跨过的距离是大体相等的。当我向西天前进的时候，你一步也没停止。不同的是，唐僧和我有一个遥远的目标，按照始终如一的方向前进，所以我们看到了一个广阔的世界。而你被蒙住了眼睛，一生就围着磨盘打转，所以永远也走不出这个狭隘的空间。"

分析：这个故事同样适合大学生。有着同样的课程和教育模式、同样的基础、同样的背景、同样经历忙碌校园生活的大学生，在毕业求职的时候却是千差万别，有的深受各种公司的欢迎，有的却屡屡碰壁。为什么呢？有人归之为天赋，有人归之为机遇，其实最根本的原因仍在于有没有确立明确的目标，有没有选择合适的方向。因此，大学生制订一个清晰的、切合自身实际的个人发展的定位和规划非常重要。"凡事预则立，不预则废"，是很有道理的。

（四）制定行动方案

在确定职业生涯目标后应制订相应的行动计划并付诸实施，这是实现目标的重要保证。需要对职业生涯目标分解后的各个阶段逐个制订行动计划并付出行动。在制订实施计划时，需结合之前对自身的评估情况，做到制订的计划有的放矢。同时，各阶段的实施计划需有一定的连贯性，以便按照各阶段计划实施之后个人的综合素质能得到逐渐提高。

实施计划的内容包括职业生涯发展路线设计、教育培训安排、实践计划等。在确定了职业生涯目标后，行动便成了关键的环节。没有达成目标的行动，目标就难以实现，也就谈不上事业的成功。这里所指的行动是指落实目标的具体措施，主要包括工作、训练、教育等方面的措施。如为达成目标，在工作方面，你计划采取什么措施来提高工作效率；在业务素质方面，你计划学习哪些知识、掌握哪些技能来提高业务能力；在潜能开发方面，你计划采取什么措施开发潜能等。这些都要有具体的计划与明确的措施，以便定时检查。

（五）评估与调整

任何事物都处在不断的变化之中，绝大部分变化是难以预见的。现实社会中种种不确定因素的存在会使原定职业生涯目标在具体的实施过程中出现偏差，要使职业生涯规划设计行之有效，就需要不断地对其进行评估与调整。评估与调整的主要内容包括职业方向的重新选择、职业生涯路线的选择、各阶段目标的修正、实施措施与计划的变更等。评估与调整是根据社会发展、自身发展的变化而进行的评估和调整，更是重新审定自我职业价值观的一个过程。因此，大学生应该时刻关注环境的变化，不断地对职业生涯规划进行评估与修订，并调整自己前进的步伐。评估与调整就是一个再认识、再发现的过程。

影响职业生涯规划的因素有很多。有的因素是可以预测的，而有的因素难以预测。大学生的兴趣爱好、能力、知识水平、理想等通过大学学习会发生不同程度的改变，特别是社会环境、就业环境等客观因素的变化，都会对最初的职业生涯规划设计产生影响。在此状况下，要使职业生涯规划设计行之有效，就必须不断地对职业生涯规划进行评估与调整。

成功的职业生涯规划需要大学生时时审视内外环境的变化，并且调整自己的前进步伐。目标的存在只是为自己的前进指导方向，可以在不同时间、不同环境下作出调整，让它符合自己的理想。今天，工作方式不断地推陈出新，大学生除了学习新的技能知识外还得时时审视自己的生涯资本，并意识到其不足之处，不断地修正自己的目标，才能立于不败之地。

【课堂讨论】

刘强是一个深思熟虑的人，性格有点儿内向，喜欢哲学、人文科学，特别是心理学，喜欢实践性强、能多接触社会的工作。他读了5年的临床医学专业，毕业后在医院做了3年的内科医生。刘强当时觉得收入低，医院的圈子太封闭，试想一下自己一辈子就这样待在医院里，似乎现在就看到了50岁的自己，有些不甘心。于是，他辞职去了企业做销售。后来他在一家全球500强的企业做药品销售，收入还令人满意，但感觉应酬太多、太累，每天陪着客户吃吃喝喝、拉关系，不是自己喜欢的工作。刘强又很想跳槽，换一个自己喜欢的工作，但始终拿不定主意应该做什么工作。

讨论：刘强到底该不该跳槽？你对刘强的工作有什么好的建议？

四、职业生涯规划书

大学生职业生涯规划书是大学生对自己的职业发展目标的选择、计划及实施的书面表达。书写职业生涯规划书一方面可以促进大学生清楚地认识自我、积极地关注外部环境，从而可使自己的学习和职业紧密地结合起来，使自己的学习有的放矢；另一方面对职业目标的确立、实施方案的规划可以使大学生对自己未来人生的发展走向有更加清晰的认识。

大学生职业生涯规划书一般有表格式和文本式两种类型。

1. 表格式

表格式职业生涯规划书主要包括三部分内容，即规划者的基本信息、规划内容和备注栏。这种规划书其实是不够完整的职业生涯规划书，只相当于一份完整职业生涯规划书的计划实施方案表。一般大学生在撰写自己的职业生涯规划书时不应采用这种类型，但可以制作这样一个表格式规划书供日常警示使用。

2. 文本式

文本式职业生涯规划书是对个人职业生涯规划全面、详细的分析和表达，是完整的职业生涯规划书，也是最常用的职业生涯规划书。其包括的主要内容有封面、扉页、目录、前言（或引言）、自我分析、职业环境分析、目标定位、行动计划、评估调整和结束语。

任务实施

步骤一：了解职业生涯目标的分类。

引导大学生了解职业生涯目标是如何进行分类的，引发大学生思考自身是否有着明确的职业目标。现在有很多大学生对自己的发展并没有一个明确的目标，而是走一步算一步。很多大学生在大学期间没有为将来的发展积累必要的资本，到毕业时才发现无论是继续深造还是工作都显得力不从心。其实，每个大学生都必须明确地知道，没有平时在校期间一点一滴的积累，想要在激烈的求职竞争中脱颖而出并不容易。

步骤二：了解制订职业生涯规划的原则。

一份好的大学生职业生涯规划，既要考虑到自身因素，又要考虑到外部环境因素；既要目标远大，又不能好高骛远；既要具备职业规划的基本要素，又要充分体现大学阶段的特征。所以，要制订出科学的职业生涯规划方案，就应遵循一定的原则，遵守主客观规律，体现出职业生涯本身的特点。

步骤三：掌握制订职业生涯规划的步骤。

大学生职业生涯规划是一份人生的设计，要制订出科学的职业生涯规划方案，必须掌握制订职业生涯规划的步骤。一般来讲，职业生涯规划包括认识自我、分析环境确立职业目标、制定行动方案、评估与调整五个步骤。

步骤四：学会撰写职业生涯规划书。

引导大学生制订一份切合自身实际情况的职业生涯规划书。只有对职业生涯进行合理的规划，树立起职业目标，才能明确奋斗的方向，犹如海洋中的灯塔，引导学生避开暗礁险石，走向成功。

实战演练

组织开展全系"职业生涯规划"竞赛。

一、竞赛目的

通过个人职业生涯规划设计，使大学生了解职业生涯规划设计的内容和要求，并能够认识到个人职业生涯规划设计对自己未来的发展具有指导作用和重要意义。

二、竞赛组织

1. 教师简要介绍设计职业生涯规划方案的要求。

2. 每位参赛学生在规定时间内写出自己的职业生涯规划方案。

三、择优讲评

1. 教师对有代表性的职业生涯规划方案进行点评。

2. 评出优秀的作品，请作者和同学们交流心得体会。

思考训练

1. 初步拟订大学时期的学习目标及所采取的具体可行的措施。

2. 结合个人的实际情况，初步拟出自己的职业生涯规划目标。

3. 设想一下在实现自己的职业生涯规划时会出现哪些阻力和困难？

4. 请为自己制订一份职业生涯规划书。

任务三 时 间 管 理

任务目标

能力目标：认识不能合理利用时间的原因，学会科学管理时间的方法。

知识目标：了解时间的概念，掌握时间管理的法则。

素质目标：学会时间管理的技巧，使用常见的时间管理工具。

任务描述

时间是一种宝贵的资源，它的流逝具有一维性，任何人都无法阻止其向前；它不会因人的高低贵贱而变长或变短，也不会因为某个个体的喜爱而变得可以被收藏；时间一旦逝去则无法追回，它不会停滞在我们想要它停留的某一点上。因此，在时间面前，任何人都会显得力量渺小。我们对其只能善加利用，虽然我们无法改变时间的长度，但是可以改变我们人生的宽度。

现代人所处的时代是一个知识爆炸、信息快速更迭的时代，科学合理地利用时间已成为现代人必须掌握的技巧，是现代人必备的社会性格之一。大学对于大多数人来说是最后一次系统地、集中时间地接受教育的人生阶段。这段时间对于他们来说，其宝贵性不言而喻，可谓人生的黄金时期。科学合理地管理时间是大学生建立深厚知识基础、获得良好知识储备的重要保证，也是他们不断塑造自我、修正自我以期获得更好成长与发展的基本前提。

因此，对大学生时间管理的现状进行研究，并进行针对性地指导和干预，教会大学生科学管理时间的方法与技巧有着十分特殊而重要的意义。

知识准备

一、认知时间管理

（1）人们一般每 8min 会受到 1 次打扰，每小时大约 7 次，或者说每天 50~60 次。

（2）每天自学 1h，一周 7h，一年 365h，如果一个人可以像全日制学生一样学习，3~5 年就可以成为专家。

（3）一个人每天 20% 的工作时间是"关键性的""重要的"，80% 的时间用在了无意义的事情上。工作繁忙的人与配偶或其他重要人物的有意义的交流平均每天少于 2min。

【案例故事】

胡适的一次演讲

1830 年，胡适先生在一次毕业典礼上，发表了一篇演讲，内容如下。

诸位毕业同学，你们现在要离开母校了，我没有什么礼物送给你们，只好送你们一句话：珍惜时间，不要抛弃学问。以前的功课也许有一大部分是为了这张文凭，不得已而做的。从今以后，你们可以依自己的心愿去自由研究了。趁现在年富力强的时候，努力做一种专门学问。少年是一去不复返的，等到精力衰竭的时候，要做学问也来不及了。

有人说：出去做事之后，生活问题急需解决，哪有工夫去读书？

我认为时间不是问题。达尔文一生多病，不能多做事，每天只能做 1 个小时的工作。你们看他的成绩！每天花 1 个小时看 10 页有用的书，每年可看 3600 多页书；30 年读 11 万页书。诸位，11 万页书可以使你成为一个学者了。可是每天看 3 种小报也得费你 1 个小时的工夫；四圈麻将也得费你 1 个半小时的光阴。看小报呢？还是打麻将呢？还是努力做一个学者呢？全靠你们自己选择！

分析：充分利用时间，就是一笔不可估量的财富。时间可以创造一切，也可以浪费一切。

二、时间的特性

（1）供给毫无弹性。时间的供给量是固定不变的，在任何情况下不会增加、也不会减少，每天都是 24h，所以时间无法开源。

（2）无法蓄积。时间不像人力、财力、物力和技术那样被积蓄储藏。不论愿不愿意，我们都必须消费时间，所以时间无法节流。

（3）无法取代。任何一项活动都有赖于时间的堆砌，这就是说，时间是任何活动所不可缺少的基本资源。因此，时间是无法取代的。

（4）无法失而复得。时间无法像失物一样失而复得。它一旦丧失，则会永远丧失。花费了金钱，尚可赚回，但倘若挥霍了时间，任何人都无力挽回。

【案例故事】

张小姐的一天工作安排

张小姐是一家公司的行政秘书，为人勤奋、关心下属、听从上司，但是每天工作之后她却感到自己这一天无所事事，自己的许多理想、宏图大志等都只有在梦中实现，心中常常产生懊恼之情，没有时间多读书、没有时间尝试新的事，一天到晚忙的不是地方。让我们来看看她一天的活动。

8：30　总经理打电话让张小姐去商谈下周公司承办行业会议事宜，中间总经理接听电话、有客人来访等使他们的谈话一直延续到了10：00。

10：00　准备布置保洁员工作，又有电话打来询问有关订购鲜花的问题，给予解释到10：20。

10：20　准备起草会议通知，中间不断有其他同事进来聊天，张小姐的思路和时间被分割和耽误，会议通知一直写到11：30。

11：30　阅读文件、各类报告、建议书等，到12：00，还有一部分没有过目。中午匆匆吃过饭，看了一会儿报纸，与同事聊了一会儿天，猛然想起总经理交代的会议安排还没有写好，明天就要上交的，于是赶紧冲进办公室！

14：00　与公司采购人员商谈购买会议纪念品的事宜，但张小姐终究不放心，还是和采购员一同到商场去选购。此项工作又占去两个半小时。

16：30　刚要写明天要提交给总经理的会议报告，又有一名同事进来借一份文件，同时聊了一会儿个人的私事和公司最近的传闻，一直持续到将近17：00。

同事走后，张小姐一看马上就要到下班时间了，已经没有时间来完成报告，只好挟着自己未写完的报告和要处理的文件回家，看样子晚上又得加班到午夜了。

分析：仔细思考一下，张小姐的时间为什么不够用，她真的没有足够的时间吗？是她在不自觉地把时间浪费掉了呢，还是一些她不能够控制的因素挤占了她宝贵的时间呢？她究竟把时间浪费在哪里了呢？

三、什么是时间管理

每一个人都同样地享受每年的 365 天、每一天的 24 小时、一定期限的寿命和一样的体力和精力。每一个人都必须要学习或工作 8 个小时左右、睡眠 7 个小时左右、个人家务及休闲或社会交往等再占去剩余的一部分时间。为什么有的人在有限的时间里既完成了学习、事业之大成又能充分享受到亲情和友情，还能使自己的业余生活多姿多彩呢？他们有三头六臂吗？他们会分身术吗？时间老人过多地偏爱他们吗？不，只是他们有效地进行时间管理而已！

四、时间管理的误区

生 命 银 行

4个20岁的青年去银行贷款，银行答应借给他们每人一笔巨款，条件是他们必须在50年之内还清本息。

第一个青年想先玩25年，用生命的最后25年努力工作偿还。结果他活到70岁都一事无成，死去时仍然负债累累。他的名字叫"懒惰"。

第二个青年用前25年拼命工作，50岁时他还清了所有的欠款，但是那一天他却累倒了，不久就死掉了。他的遗照旁放了一个小牌，上面写着他的名字"狂热"。

第三个青年在70岁时还清了债务，然后没过几天他去世了，他的死亡通知书上写着他的名字叫"执著"。

第四个青年工作了40年，60岁时他还清了所有的债务。生命的最后10年，他成了一个旅行家，地球上的多数国家他都去过了，70岁死去的时候，他面带微笑。人们至今都记得他的名字叫"从容"。

当年贷款给他们的那家银行叫"生命银行"。

你是寓言中的哪一位呢？

分析：生命的过程，是一个漫长而又艰难的历程。要走完它，必须摒弃"懒惰"与不切实际的"狂热"，还要"从容"地面对一切，合理安排自己的历程，"执著"地走下去，直至生命完结。"生命银行"里的存款是有限的，即使数量可观，任意挥霍也预示着失去。挥霍了光阴，即是浪费青春。挥霍时，收获的是淋漓尽致的潇洒自在的感觉，但随之来临的"透支危机感"也许会摧毁一个人。

1. 工作缺乏计划

尽管计划的拟订能给我们带来诸多的好处，但有些人从来不做或是不重视做计划，原因不外乎如下几条：

（1）因过分强调"知难行易"而认为没有必要在行动之前多作思考。

（2）不做计划也能获得实效。

（3）不了解做计划的好处。

（4）计划与事实之间极难趋于一致，故对计划丧失信心。

（5）不知如何做计划。

2. 组织工作不当

组织工作不当主要体现在以下几个方面：

（1）职责权限不清，工作内容重复。

（2）"事必躬亲，亲力而为"。

（3）沟通不良。

（4）工作时断时续。

3. 时间控制不够

时间控制能力是否足够可通过以下小测试得知。

(1) 为了避免对棘手的难题采取行动，我于是寻找理由和借口。

A. 非常同意　　B. 同意　　C. 不同意　　D. 极不同意

(2) 路漫漫其修长兮，吾将慢慢学习之。

A. 非常同意　　B. 同意　　C. 不同意　　D. 极不同意

(3) 我经常采取折中办法以避免或延缓不愉快或困难的事情。

A. 非常同意　　B. 同意　　C. 不同意　　D. 极不同意

(4) 我遭遇了太多足以妨碍学习或完成任务的干扰与危机。

A. 非常同意　　B. 同意　　C. 不同意　　D. 极不同意

(5) 当被迫要求做一件我不想做的事情时，我避免直截了当的答复。

A. 非常同意　　B. 同意　　C. 不同意　　D. 极不同意

(6) 今天的学习工作计划没有完成不要紧，明天还可以继续。

A. 非常同意　　B. 同意　　C. 不同意　　D. 极不同意

(7) 我一般等到交作业的前几天写作业。

A. 非常同意　　B. 同意　　C. 不同意　　D. 极不同意

(8) 我经常将学习安排在夜晚或者周末。

A. 非常同意　　B. 同意　　C. 不同意　　D. 极不同意

(9) 我在过分疲劳（或过分紧张、或过分泄气、或太受压抑）时，无法处理所面对的困难任务。

A. 非常同意　　B. 同意　　C. 不同意　　D. 极不同意

(10) 在做一件事情之前，我喜欢整理我的资料和小东西。

A. 非常同意　　B. 同意　　C. 不同意　　D. 极不同意

评分标准：

每一个"非常同意"评 4 分，"同意"评 3 分，"不同意"评 2 分，"极不同意"评 1 分。

结果分析：

总分小于 20 分，表示你不是拖延者，但也许偶尔有拖延的习惯。

总分在 21～30 分，表示你有拖延的毛病，但不太严重。

总分多于 30 分，表示你或许已患上严重的拖延毛病。

4. 学会适时说"不"

时间管理当中最有用的词是"不"。自己不能胜任委托的工作，不仅浪费自己的时间，而且耽误了别人的时间。

量力而行说"不"，对己对人都是一种负责。接受别人的委托，不要急于给予答复，要实事求是地分析一下自己能不能按期保质地完成工作。如果不能，要敢于说"不"，但是不能作为推脱责任的借口。

5. 进取意识不强

我们经常说道："人最大的敌人就是自己"。有些人之所以能够让时间白白流逝而毫无悔痛之意，最根本的原因就是他个人缺乏进取意识，缺乏对工作和生活的责任感和认真态度。主要表现在以下几个方面：

（1）工作中闲聊。

（2）个人的消极态度。

（3）唏嘘不已，做白日梦。

（4）做事拖拉，找借口不干工作。

五、时间管理原则

1. 80/20 原则

花 80％的时间、精力和资金做 20％的最有价值的事情。

花 80％的时间、精力和资金学习 20％的最有用的知识和技能。

花 80％的时间、精力和资金建立和不断维护 20％的最优质的人际关系。

用 80％的时间和精力照顾好能给你带来 80％销售额的 20％的优质客户。

用 80％的时间和精力学习能给你产生 80％效果的 20％的知识和技能。

……

80％最佳效果的工作来自 20％的时间，20％较为次要的工作。

花去 80％的时间去寻找用 20％的努力就可得到 80％的效果的领域。

【案例故事】

电 冰 箱

传统式的电冰箱冷冻库位于上端，冷藏库则位于下端。当你使用冷藏库时，则往往非下蹲不可。不幸的是我们使用冷藏库的机率高达 80％，而使用冷冻库的概率只有 20％，致使许多家庭妇女在使用电冰箱时往往因蹲下次数过多而感腰酸背疼。基于此，某家电器公司在电冰箱的设计上作了修改，将冷藏库与冷冻库的位置作了对调，这种新型的电冰箱大大减少了下蹲的次数。不难发现，这种设计就是利用了 80/20 原则。

2. SMART 原则

目标必须是具体的（Specific）。

目标必须是可以衡量的（Measurab）。

目标必须是可以达到的（Attainable）。

目标必须和其他目标具有相关性（Relevant）。

目标必须具有明确的截止期限（Time－based）。

3. 优先原则

【案例故事】

总 裁 的 第 一 天

前任惠普公司的总裁格拉特把自己的时间划分得清清楚楚，他花 20％的时间和客户沟通；35％的时间用在会议上；10％的时间用在打电话上；5％的时间用在看公司的文件上；剩下的时间用在和公司没有直接或间接关系、但却有利于公司的活动上，如接待记者采访，预备商界共同开发的技术专案，或者参加总统召集的有关贸易协商的咨询委员会；当然每天要留下一些空档的时间来处理突发事件，如接受新闻界的采访等。

分析：时间管理对一个大型公司的总裁来说，是一项重要的事情，因为他要在有限的时间之内处理最重要的事务。时间管理其实就是作决策，决策哪些事情重要，哪些事情不重要。

根据事情的重要和紧急程度的不同，将事情划分成为四种类型：

（1）重要而紧急事情，诸如马上要交付的工作、临考前的学习、住院开刀等。当然也不能忘记，很多重要的事都是因为一拖再拖或事前准备不足，而变得迫在眉睫。

（2）不重要而紧急事情，表面看似重要而紧急事情，因为迫切会让我们产生"这件事很重要"的错觉，实际上就算重要也是对别人而言。电话会议、朋友邀玩都属于这一类。我们花很多时间在这里面打转，自以为是重要而紧急事情，其实不过是在满足别人的期望与标准。

（3）重要而不紧急的事情，主要是与生活品质有关，包括平时的学习、工作等。荒废这个领域将使重要而紧急事情日益增多，令人陷入更大的压力，在危机中疲于应付。反之，多投入一些时间在这个领域有利于提高实践能力，减少重要而紧急事情。要做好事先的规划、准备与预防措施，防患于未然，很多急事将无从产生。

（4）不重要而不紧急事情，简而言之就是浪费生命，所以根本不值得花半点时间在这上面。像阅读令人上瘾的无聊小说、毫无内容的电视节目、办公室聊天上网玩游戏等，这样的休息不但不是为了走更长的路，反而是对身心的损毁，刚开始时也许有滋有味，到后来你就会发现其实是很空虚的。

任务实施

1. 时间管理的方法
（1）生命倒计时法。
（2）"今年是你生命中的最后一年"法。
（3）时间价值分析法。
（4）艾维·利时间管理法。
（5）生理节奏法。
（6）日程表时间管理法。

2. 时间管理三部曲
（1）改变时间观念。
（2）掌握正确的方法。
（3）养成良好的时间管理习惯。

【案例故事】

学 会 拒 绝

快下班的时候杰森接到了阿郎的电话，他心急火燎地请求杰森再帮他一下，写个新方案给他，说客户已经催了他好久而他实在没时间。最近因为谈女朋友的关系，阿郎常常这样请杰森帮忙做方案。

沉浸于爱河的阿郎是杰森在公司里关系比较好的同事之一，以前他们在业余时间常常一起去打球、游玩，杰森挺喜欢阿郎的洒脱和率真。所以当阿郎一脸兴奋地谈到他交往女孩子的时候，杰森毫不犹豫就答应了帮他干点活，给阿郎更多的时间去"谈朋友"。可是一个月下来，杰森发现自己越来越不快乐，他发现自己已经厌倦了总是替他做事。可是怎么拒绝阿郎呢，他觉得很难说出口。作为好朋友是该相互帮助的，拒绝会不会让他失去这个朋友呢？杰森想了很多。

分析：办公室里的同事，需要相互帮助的时候很多，在力所能及的情况下，我们帮助同事是非常必要的，但是在面对同事的不合理要求时，我们常常感到为难。实际上，当我们没有学会灵活地拒绝他人的时候，虽然表面上是答应了他人的要求，可是实际上，在我们的内心，会积累许多的怨气，而怨气的积累，会让我们自己痛苦，并且反过来有一天会影响我们与其他人的交往。所以，学习积极的沟通技巧，学会合理表达自己的感觉和说出自己的需要很重要。

实战演练

计划你的一天。

思考训练

思考如何才能合理有效利用好个人时间。

项目六　让你记住我

项目描述

学会自我"推销"

在大学生就业竞争压力日益增加的背景下，如何凭借自己的求职形象，在面试过程中给面试官留下良好的印象，从众多的求职者中脱颖而出，成为每个大学生关心的重要问题。职业礼仪是迈向成功求职的第一步，在个人职业生涯中发挥着越来越重要的作用，甚至成为一种职业素质，求职形象的优劣也与求职的成败存在紧密的关联性。因此，有必要了解哪些因素有助于塑造一个恰当的、受面试官偏好的求职者形象，从而提高求职成功率。特别是对于初入职场的大学生而言，认识求职形象的重要性并懂得如何进行形象管理能极大地提高就业能力。

任务一　我的名片——学习简历制作

任务目标

能力目标：能够独立完成求职简历和求职信的写作。

知识目标：掌握求职简历和求职信的写作要点和写作方法。

素质目标：提升写作能力和自我分析能力，通过简历制作更全面地了解自我和求职单位的需求，提升个人的职业素质。

任务描述

求职的敲门砖

简历是大学生学习生活、工作经历的一个缩影。通过简历，用人单位对毕业生的工作经历、受教育程度、兴趣、特长等情况有一个初步了解。简历的真正目的是让用人单位了解自己，从而为自己创造面试的机会。学会制作一份简单明了、优势突出的简历，能够帮助大学生在制作简历时认识自我在求职方面的优势和弱势，通过简历展示最好的自我。

因此，写简历要具备科学的态度和方法，以合理为原则进行设计。

知识准备

一、简历

简历是用于应聘的书面交流材料，它向未来的雇主表明你拥有满足特定要求的技能、态度、资质和资信。一份清晰的简历，能够反映出求职者的优势、特点，对大学毕业生来说也是学习生活、工作经历的一个缩影。通过简历，用人单位对毕业生的工作经历、受教育程度、兴趣、特长等情况有一个初步了解。一份出色的简历是求职者赢得面试机会的"利器"。

【知识链接】

450年前，达·芬奇写下人类历史上第一份简历。这份简历是书信形式的，而当时的简历并没有规范。

达·芬奇为了到米兰工作给米兰伯爵的"简历"

直到20世纪70年代，打字机开始普及的时候，简历才出现了手写书信以外的格式排版，才有了字体、字号、行间距、页边距、模块等方面的诉求。

到近几年，设计和排版的工具越来越多，功能远超打字机的各类软件问世，它们让求职者开始脱离简单的核心——"写"，而更偏重于拥有视觉冲击力的"设计"。

二、简历的目的

简历的目的是让用人单位全面了解自己，从而为自己创造面试的机会。它一般和求职信及其他材料一起送到用人单位。一份出色的求职简历能帮助大学生叩开用人单位的大门，使大学生顺利进入面试。也可以说，简历就是把自己推销出去的说明书。

HR阅读一份简历的时间很短，那么，怎样的简历才能够在众多求职者的简历中抓住HR的眼球，获得青睐，从而帮求职者得到面试的机会呢？其实，简历是每个人自己的广告，没有统一的答案。但是，如果能够掌握简历制作的方法和要点，写出一份高质量的高匹配的简历，让HR能够清晰地全面地了解你，你就将拥有更多的求职机会。

【知识链接】

100份简历中有多少份是合格的？不到10份。简历太长、注水太多、过分谦虚、太过花哨已成为毕业生简历中的硬伤，往往使他们出师不利，失掉面试的机会。

——某知名IT企业HRM

其实简历一页就足够，两页已经太长了。

——远大集团HRM

我每天用半小时浏览50份或更多的简历，如果10秒钟未能发现任何成果表述，那么这份简历就成为历史了。

——某外企人力资源主管

好的简历，目的性要强，用人单位需要什么，你就提供什么……你还应该是个有心人，针对招聘单位的特点和要求，"量体裁衣"特制一份简历，表明你对用人单位的重视和热爱。很多人的求职信就像公文，千篇一律，送给哪家单位只需换个称呼就行，让人感觉他对应聘的公司一无所知，诚心不够，自认很容易被拒之门外。

——爱立信人力资源部副总裁

三、简历的基本内容

简历主要包括：个人基本信息、求职意向、教育背景、工作实践经历、获奖情况、兴趣特长 6 个主要部分。

在撰写简历之前，需要对本人的基本情况和经历进行挖掘和梳理，整理出有价值的内容。再研究透彻求职单位的用人需求，根据需求选择个人信息中与职位需求相符合的重点部分，进行撰写。

1. 个人基本信息

个人基本信息主要包括姓名、性别、出生年月、政治面貌、联系方式（包括通信地址、联系电话、电子邮件）等。这部分内容不宜过多，信息力求简洁明了，其中姓名放在最明显的位置。政治面貌如果没有加入党派可不写。具体介绍哪些内容，也要根据意向单位的要求罗列个人信息。

需要注意的是，联系方式应填写自己的即时联系方式，切忌频繁更换手机号、E-mail，以免错过面试机会。

如果应聘岗位有形象方面的要求时，可附上个人证件照；如未要求，可根据自己的情况选择是否附上照片。个人证件照要求正面、清晰、单色背景（有时要按照应聘要求更改照片背景色），尽量选用仪表正式的照片，建议到正规的摄影工作室拍摄一张用于工作的证件照片，不用自拍、像素低、修图过多的照片。

【范例】

赵晓磊

福建省永安市巴溪大道 2199 号福建水利电力职业技术学院

手机：18320200000　　E-mail：zhaoxiaolei@163.com

2. 求职意向

求职意向指求职者希望从事的职业或岗位。在填写求职意向时要直截了当地表明应聘职位，如"求职意向：行政助理"。另外，大学生在撰写求职意向时需要提前了解求职单位招聘的岗位要求，根据自己的实际情况填写相符的职位，一般选择一个职位，最多可选择 2 个同类别的相差不大的职位，填写多个职位时按照意向强度排列职位的顺序。

【范例】

求职意向：计算机软件开发工程师、网络系统工程师

3. 教育背景

对于毕业生来说，教育背景直接体现了个人的专业水平和学习能力，是 HR 考量毕业生求职者的一个首要因素，所以应该将个人教育背景清晰且丰富地展现出来。教育背景可包含学习经历、主修课程、获奖情况、相关证书等内容。

（1）学习经历：包含学校名称、院系、专业、学历、学位、就读时间与毕业时间、相

关特殊进修、短期研修等项目。填写时，注意时间上应该是倒序，即把最近获得的学位或最高学历写在前面，高中及高中以下学历不需体现。

（2）主修课程：将在校学习的主要课程（主修课、辅修课与选修课）进行罗列，尤其是体现与所谋职位相关的学科和专业知识。为了强调专业特长，尤其是特殊专业，也可以把与应聘工作相关的课程集中起来，特别是专业课程，以使用人单位能够一目了然，选择到他们所需的人才。需要注意的是，如果招聘职位与所学专业对口，则不需要写主修课程；如果专业不对口，则应写出与招聘职位有相关性的五六门核心课程。成绩好的求职者，可写出平均排名或者平均绩点（GPA）。

（3）相关证书：将获得的资格证书有顺序地罗列，专业资格证书排列在前，接着可排列如"普通话水平"等综合类证书。

（4）英语水平、计算机水平：英语水平一般通过 CET 等证书体现，计算机水平也可通过计算机等级证书体现。如未获取相关证书，则采用文字说明，如"熟练掌握 Excel、PowerPoint、PhotoShop 等软件的运用"。

【范例】

教育背景

2020 年 9 月至今　　福建水利电力职业技术学院　　电力工程系　电力系统自动化技术专业

主修课程

GPA：3.65/5　　综合测评成绩排名专业第一

相关证书：电工证、普通话二级甲等

英语水平：CET－4　　　　计算机水平：计算机一级

4. 工作实践经历

工作实践经历是简历中非常重要的部分，用人单位在招聘时越来越注重大学生的综合素质，大学生的社会实践经历也成了他们简历中被重点关注的部分。这是因为用人单位从实习与社团经历中可以分析出大学生的组织能力、领导能力及团队协作精神等。

无论是全职还是兼职，是实习还是社会实践，是发表的文章还是成果，或者是在校的学生干部工作等，都可以算是工作实践经历。书写的内容一般包括：职务、职责及业绩。其中，工作成就一定要数字量化表达，让人感到你的真实经历，避免使用许多、大量、一些、几个这样模糊的词汇。

工作经历不多的学生要多挖掘自己的社会实践经历和校园工作经历，至少写出 3 条以上的内容。将社会工作细节放在工作经历中，可填补工作经验少的缺陷。例如，在做团支书、班长等社会工作时组织过什么、联系过什么、参与过什么，都可以一一罗列。如果只做过一件事，那就尽量写详细一些，如领导过多少人、完成了什么事、起到了什么作用。工作经历比较丰富的大学生要根据自己应聘的职位，对工作经历做出取舍，要从中选取最有针对性的经历按照顺序进行排列，一般来说 6 条以内为宜，过多地罗列不相关的经历，反而会给用人单位造成求职方向不清晰的负面印象。

【范例】

2020 年 1—6 月　福建省网络供电公司（实习）电力系统维护人员　负责电力系统的检修工作

2019 年 7—9 月　福州地铁（实习）　地铁电力信息维护　负责电力安全维护

2019 年 1 月至今　校学生会主席　组织星级团支部评比、青年歌手赛等校园活动

2019 年 9—12 月　辅导员助理　协助辅导员进行新生教育管理、班团建设等工作

5. 获奖情况

在校期间获得的奖励、奖学金或其他荣誉称号是学生生活中的闪光点，是个人能力最有力的证明，应清晰明了地列举出来。如果多次获得多项奖学金，也可一一列出，以增加分量。需要注意的是，在罗列奖项时，如果奖项较多可先进行分类后，按照时间倒叙的形式，或者按含金量从大到小的顺序进行排行。

一般来说，获奖项目从大学时期开始罗列，但如果在此之前有特别有价值的奖项也可列出。尽量挖掘自己的获奖经历，甚至"优秀社长"、活动比赛获奖都可列入其中，如果完全没有奖项，这个部分可直接省略。

【范例】

获奖情况

奖学金类

2018 年 9 月　　　　　　　　　获得新生奖学金

2018 年 9 月—2020 年 7 月　　连续两年获得学院一等奖学金

2019 年 9 月　　　　　　　　　获得国家奖学金

技能竞赛类

2019 年 9 月　　　　　　　　　学院电力工程设计技能竞赛一等奖

2019 年 12 月　　　　　　　　福建省创新创业大赛高职组三等奖

2020 年 4 月　　　　　　　　　福建省电力工程类职业技能竞赛二等奖

综合素质类

2019 年 6 月　　　　　　　　　学院 2018—2019 学年"三好学生"荣誉称号

2019 年 12 月　　　　　　　　学院 2018—2019 学年"优秀团员"

2020 年 2 月　　　　　　　　　福建省 2019 年暑期三下乡先进个人

2020 年 5 月　　　　　　　　　学院 2019—2020 学年"优秀学生干部"

6. 兴趣特长

大学生的兴趣特长往往能够体现求职者志向、价值观、个性特征和对待生活的态度。一些特别的兴趣特长能够给 HR 留下深刻的印象，如果能够契合求职单位的文化，还能锦上添花。

需要注意的是，在介绍兴趣、特长时，切忌"多""杂""虚"，只需列出主要的兴趣特长即可，一般控制在三项以内。"玩游戏""上网聊天"等这类没有价值的兴趣特长尽量

不体现。用词尽量专业，切忌口语化的表达。

如果没有兴趣爱好也可不写，可直接描述你的性格特点。性格特点与工作性质关系密切，所以，用词要贴切，以展示你的品德、修养、社交能力及协作能力等。

【范例】

兴趣、特长

篮球、摄影、书法

7. 附件

学习成绩单、推荐信、相关的获奖证书、技能证书、专业作品、发表的文章、发明专利等可以作为附件，附在简历之后。选择几项重要的内容作为附件即可，不需要将所有凭证都附上，内容越多反而让重点不够突出。附件的内容优势一定要突出，如果是些普遍的材料没有附加的价值，可不附。

需要注意的是，如果附件很多，应该在附件之前列出一份附件的清单，引起招聘人员对附件的注意。

四、简历的格式

1. PDF 格式

简历一般设置为 PDF 格式，能够固定简历的排版，在发送电子简历时，不会因为排版出现错乱而影响 HR 的阅读。

2. 篇幅

简历最好只有一页纸的篇幅。一页简历就能将各方面情况清楚说明。如果经历较丰富、较为出色的求职者，两页的篇幅也完全足够了。如果超过两页，很可能说明信息中无用的内容太多，没有重点，也没有针对性。

3. 字体

字体必须规范、正式。中文用宋体 5 号字，关键词可用粗体。英文字体建议用"Times New Roman"，字号 11~12 号。

4. 排版

简历应该以"简单、清晰、明了"为原则进行排版，目的是让 HR 对求职者的个人信息一目了然并很快发现求职者的优势和特点。如果以段落呈现的内容要注意"两端对齐""首行缩进两个字符"；依据内容有的需要对齐排版，有的需要居中排版。行距尽量统一。排版中，也可巧妙运用分割线，按部分进行划分。

网络上有很多简历的模板可以参考或者直接下载使用，但最好的模板还是根据自己的实际特点进行设计，量体裁衣，设计出最适合自己的简历模板。

5. 色彩

简历一般采用黑白色即可，但也有些简历模板带有色彩的设计。简历应该要尽量简洁，画面不可过于花哨，那些颜色、图片以及不能清晰表达的图表，都会分散简历的重点，一堆色块和图标反而会让 HR 多花几秒钟找你的学校和学习经历。最易读的模板就是格式统一、规范、白纸黑字、重点清晰的模板。

【范例】

规 范 的 简 历 模 板

个人求职简历

❖ 基本信息

姓　名	张三	出生年月	2000.05	
民　族	汉	政治面貌	中共党员	照片
电　话	13888888888	毕业院校	福建水利电力职业技术学院	
邮　箱	88888@qq.com	学　历	专科	
住　址	福建省**市**区***路			

❖ 教育背景

2017.09—2020.06　　　　　福建水利电力职业技术学院　　　　电力系统自动化技术（专科）

主修课程：

发电厂及变电站电气设备、电气安全技术、电力系统继电保护、配电网自动化技术、电力系统通信技术、高电压技术、电路基础、电子技术、电机技术、电气控制与PLC技术、智能变电站技术和电力工程造价

❖ 校园经历

➢ 2017—2018 学年　电力1731班班长

➢ 2018—2019 学年　电力工程系学生会副主席、电力科技社外联部部长

➢ 2019—2020 学年　电力工程系学生会主席、电力科技社社长

❖ 获奖情况

➢ 2017—2018 第一学期　三等奖学金

➢ 2017—2018 第二学期　一等奖学金

➢ 2018—2019 第二学期　三等奖学金

➢ 2017—2018 学年　荣获学院"优秀团员"荣誉称号

➢ 2018—2019 学年　荣获学院"优秀学生干部"荣誉称号

❖ 技能证书

➢ 电工操作证；继电保护员证书；普通话二级乙等证书；

➢ 大学英语四级（CET-4），良好的听说读写能力；

➢ 通过全国计算机二级考试，熟练运用office相关软件，计算机网络操作及CAD基本操作。

❖ 自我评价

有良好的沟通能力，责任心强，吃苦耐劳，有良好的团队合作精神。

6. 纸张质量

简历可选用铜版纸或胶版纸打印，此类纸张表面光滑，有一定厚度。如果选用普通的纸张容易损坏，影响感观。另外，如果简历中附有照片，尽量选择彩印，比较美观。

7. 包装

简历一般不需要额外的包装，如果简历中带有较多的附件内容，则可用透明简单的文件夹整理起来。

五、简历的制作要点

1. 内容真实，表达真诚

简历的内容要真实可靠，自信地展现出优势，但不虚假地自夸。有些同学为了符合求职单位的要求和条件，编造了虚假内容，是不可取的。在语言的表达方式上要讲究真诚，尽量用客观地词语表达，不过于谦虚、也不过于自傲自夸。

2. 突出重点，扬长避短

很多简历，内容庞杂，形式混乱，贪多求全，恨不得把所有的事情都写上，结果成为大杂烩，反倒让人搞不清楚应聘者究竟想表达什么。作为求职者，简历的目的就是让 HR 迅速了解求职者具备岗位要求的核心条件，从而让 HR 有动力细读简历中的内容。

简历的整体内容较多，可删除一些不重要的信息，将重点鲜明地体现出来。在罗列信息时，将最重要的、最有价值的信息排在前面，在一些需要引起重视的地方，或者某些关键词上，可以采用粗体、添加下划线等方式进行突出强调，整个简历一般可有三四处采用此方法。

学生要突出教育经历，所以教育经历放在前面。而工作 1 年以上的求职者就应该重点突出工作内容，所以教育经历可放在工作经历后面。在撰写简历时，应语言简短、多用动词，并且尽量避免可能会使你被淘汰的不相关信息。

3. 表达客观，语言精练

简历是一种客观表达求职者经历和能力的材料，措辞一定要严谨、客观、诚恳、朴实，不要过于华丽、煽情。比如"我希望拥有这样一个人生，它在经历了无数风雨后仍是一道最亮丽的彩虹……"，这类没有信息内容的句子最好不要使用。简历要用不带主语的第一人称写作，不应在简历中出现"我"的字样。

【范例】

不合适的简历表达

"给我一个机会，我会还你一个惊喜"

"本人团结同事，能吃苦耐劳"

"让我们风雨同舟"

"我热切期待着一个大展宏图、共创辉煌未来的良机"

"我虽然没什么工作经验，但……"

4. 结构分明，条理清晰

招聘人员每天要阅读大量的简历，已经养成了一种阅读习惯和逻辑。一般简历的逻辑顺序是个人信息—求职意向—教育背景—工作实践——获奖情况。将简历信息按以上顺序进行安排，必要时还可以用分点分段的方式呈现，这样条理清晰、结构分明，能够让 HR 很快获取信息。

有的同学独树一帜，将顺序颠倒或者重大调整，违背了招聘者的阅读习惯，让他人花更多时间寻找信息而不是阅读信息，最终只会弄巧成拙。

5. 消除错字，避免歧义

细节决定成败。在简历中出现错字、错词或者错误的标点用法，会让人觉得求职者不够细心，或者对待这份工作不够重视。如将"师范大学"错打成"示范大学"等。更有甚者，产生歧义，比如有的学生在自我鉴定中写道："我毕业于××大学，虽然没有名牌大学的光环，学的不是当下最好的专业……"表现出对母校没有感恩的意思。所以正确的用词用句以及标点符号的正确运用，是简历是否规范的关键。避免错别字和歧义的方法是让同学们互换简历，互相参看，查缺补漏。

6. 针对性强，匹配度高

在制作个人简历之前，应该先研究求职单位的主要信息、招聘岗位要求、单位文化等，针对每个求职单位不同的需求特点，选择简历中需要强调的重点，调整简历的内容，提高简历内容与求职岗位的匹配度。千篇一律的简历，海投的方式，只会让简历沉入大海。

六、简历的投递与跟踪

撰写完简历，大学生需要通过合适的方式将其投递到人单位。

（一）简历投递

简历投递方式有很多种，选择有效的简历投递方式能增加择业成功的概率。

1. 招聘会投递

大学生通过学校或者社会招聘会投递简历能与招聘人员面对面沟通，进一步了解企业和岗位的信息。校园招聘会是最常见、最有效的简历投递方式。有的单位会到校内开展供需见面活动，如南昌大学每年都会举办的"双选"招聘会。校园招聘会具有时间集中、针对性强、信息量大、双方了解更直接的优点，是大学生投递简历的高效渠道。

2. 网络投递

网络投递指在招聘网站、企业网站等平台填写简历，表明就业意向，其特点是成本低，方便快捷。但用人单位收到的通过网络投递的简历众多，大学生要想让自己的简历脱颖而出，可以有针对性地挑选一些面向大学毕业生的招聘网站，如高校毕业生就业服务网站的"招生就业"频道、企业网站的"人才招聘"频道等。

3. 电子邮件投递

电子邮件投递简历是比较常用的简历投递方式。通过电子邮件投递简历的注意事项如下。

（1）邮箱地址。大学生应注册稳定性、可靠性高的邮箱，并确保输入正确。

（2）邮件主题。邮件主题词应规范清晰，如用人单位没有特殊要求，主题词应包括"姓名＋应聘职位＋毕业学校＋联系方式＋核心价值（4~8 个字）"。

（3）邮件正文。邮件正文应尽量精简，可按照信件的格式，控制在 3～6 行内，字体应规范清晰。正文内容包含个人情况简介、求职意向、联系方式等。

（4）邮件附件。附件中多是简历和用人单位要求提供的证明材料。附件名称应规范，如某某求职简历等。附件排列顺序应合理，简历在前，其他证明材料在后，切忌发送与求职无关的材料。

4. 电话投递

通过电话投递简历，多是先通过电话报名，之后以其他形式投递简历。通过电话投递简历的要敢于主动推销自己。大学生打电话时应彬彬有礼、音量适中、节奏适度、表达准确、反应敏捷。通话时间要恰当，在上班时间内进行电话投递。在通话完毕时要礼貌地说"谢谢"和"再见"，并在对方挂下电话后再挂电话。

5. 邮寄投递

邮寄投递是一种较为传统的简历投递方式。通过邮寄投递简历的应在信封上注明应聘字样及应聘职位，以加深用人单位的印象。所备材料最好装订成册，以方便阅读。

（二）简历追踪

为了更好地追踪简历，大学生可以在申请职位时告知对方自己将打电话查询结果。一般来说，在简历寄出一个星期后通过电话追踪简历情况比较适宜，这样可以给对方时间阅读自己的求职信及简历，并准备面试。大学生打电话查询时应注意礼仪，言简意赅，咨询时间不要太长。

制作简历追踪清单，以便更好地管理简历。追踪清单应该包括企业名称、简历投递方式（现场、电子邮件、网络等）、投出日期、接收截止日期、通知截止时间、查询结果与建立反馈等。这样，每投出一份简历，就能对关键的时间点进行记录，从而理清重点、发现不足、及时改进，获取更多机会。

【课堂讨论】
分析该毕业生所写的个人简历是否恰当，应该如何完善？

个　人　简　历

姓名：×××　　　性别：男　　年龄：26　　健康状况：良好
籍贯：四川省××市　家庭背景：职工家庭　政治面貌：中共党员
所学专业：市场营销　　学历：本科
毕业院校：××大学商学院
联系电话：18080××××　地址：××市××××
E-mail：××××@sina.com.cn
求职意向：产品营销、活动策划、市场调查等方面工作
主修课程：商务谈判、组织行为学、大学英语、调查统计学、现代商业经济学
个人技能：先后自学并掌握了产品促销、零售学、市场调查等方面的知识。
计算机水平：熟练使用计算机，并自学掌握了 Photoshop 图像处理软件的使用。

荣誉证书：英语六级、会计师证、外语优秀证书、驾驶证、优秀大学生荣誉证书、一等奖学金等

社会实践：2016 年 7 月，××公司，业务员实习 2 个月（获得实习证明）。

2016 年 10 月，××超市，临时促销员 15 天。

2017 年 7 月，××投资公司，理财顾问，实习 1 个月（获实习证明）。

自我评价：缺点：嫉妒心强、做事情不能持之以恒。

优点：活泼开朗、乐观向上、适应力强、上手快、勤奋好学、脚踏实地、认真负责、吃苦耐劳、勇于迎接新挑战。有较强的组织能力和活动策划能力。有较强的语言表达能力，文笔流畅。有很强的团队合作能力。

兴趣爱好：羽毛球，游泳，长跑；擅长文章写作。

小结：我认为我是一个有责任心、有理想的青年，对自己所要追求的理想，一刻未曾停止。希望凭借我的实力及真诚，成为企业的一员。我会运用我的理论知识，为公司创造更多的价值。

提示：

整个简历看上去没有什么大问题，但仔细一看还是存在多处漏洞。

（1）求职意向不明确，列举了产品营销、活动策划、市场调查等多种意向。

（2）该简历存在"注水"现象。如熟练使用计算机、很强的团队合作能力，这些都需要提供证据来支持，不是说说就了事。

（3）用词欠妥。用人单位比较反感简历中写一些比较主观的词语。如小结中的"我认为……"，这样的语言容易给用人单位留下自负的印象。

（4）自我认为过于乐观。在自我评价中，列举了大量自己的优点，而缺点几乎是一笔带过，不够全面，这样容易在以后的求职过程中出丑。

任务实施

步骤一：了解简历的作用

引导大学生了解简历对于求职过程的重要性。一份好的简历，既能够充分地展示大学生的个人优势，又能够让招聘人员全面理解简历的重点信息并且产生认可，从而获得面试的机会。

步骤二：掌握简历制作的内容和要点

学习掌握简历的主要内容和制作要点，能够避免大学生在制作简历时没有重点、没有针对性、体现不出个人优势，因而失去面试的机会。只有掌握了简历制作的内容和要点，才能避免出现常见错误，条理清晰、重点突出，制作出一份规范的简历。

实战演练

学 会 制 作 个 人 简 历

引导大学生制作一份切合自身实际情况且符合应聘岗位需求的简历。在制作简历时，

应该针对每个求职单位的不同需求特点，选择简历中需要强调的重点，调整简历的内容，提高简历内容与求职岗位的匹配度。

思考训练

（1）结合个人的实际情况，写出简历制作的难点。

（2）你最期望获得哪个公司的录取通知，请针对这个公司和岗位制作一份你的应聘简历。

（3）5个同学之间互相交换简历，找出简历中的不足并讨论如何改正。

任务二　"以貌取人"——形象设计

任务目标

能力目标：完成自身形象设计的任务，使学生根据学习内容，为自己量身设计自身求职形象。

知识目标：了解求职形象的重要性，明确形象是内在及外在统一的体现。

素质目标：积极进行职业形象设计相关能力的养成型训练。

任务描述

大学生形象设计是一项内外兼修的形象工程，良好的形象不仅来自外在形象的修饰，更来源于大学生的文化内涵与人格教育。引导学生外塑形象、内修气质，培养健全人格、促进心理健康、增强职业竞争力是本项任务的最终目的。

知识准备

一、个人形象概述

现代人越来越注重个人形象，因为它为良好的人际关系、职业发展和优雅的生活起到了推波助澜的作用，它与每一个普通人的生活息息相关。一个成功的形象，展示给人们的是自信、尊严、力量、能力……它不仅仅反映在别人的视觉效果中，同时它也是种外在辅助工具。

有位心理学家做过这样一个实验：在一个黄昏的路边，分别让一位身穿笔挺军服的海军军官、一位手持文件夹的青年学者、一位打扮入时的漂亮女郎、一位挎着菜篮子的中年妇女以及一位留着怪异发型穿着邋遢的男青年在路边搭车。结果漂亮女郎、海军军官、青年学者的搭车成功率很高，中年妇女稍微困难一些，那个男青年就很难搭到车。这个实验告诉我们，不同的形象代表了不同的人，随之就会有不同的机遇。个人形象是素养和品味的体现，和成功连在一起。

个人形象不是简单的穿着打扮和言谈举止，而是一种外在与内在相结合，能在职业活动中给人留下深刻印象的综合素质，是一种具有很强社会属性的、符合职场所期许的精神面貌。正确的个人形象是在认识自我的优劣长短之后加以修正，塑造的完全自信的生活态度与丰富内涵。高校毕业生求职者展现出的应是符合社会及用人单位要求的准职业形象。

【案例故事】

杨澜在英国的一段经历

那时她刚到英国，数次面试碰壁，面试官认为她的形象跟简历不相符，不给她任何开口机会就把她赶了出来。杨澜因为心情沮丧，洗完头发，便坐在床上一边翻看报纸的招聘信息，一边吃带回来的面包。这严重违反了房东莎琳娜的原则。莎琳娜冲上前来，一把夺过杨澜的面包和报纸，用英文大吼：你这个无素质的女孩，立刻滚出我的家！杨澜也气极了，她早已厌烦萨琳娜这种所谓英伦女人的尊严。杨澜当时披散着头发，在睡衣外套上大衣就冲出了门，来到一家咖啡馆。

咖啡馆里人很多，侍者以一种奇怪的神情把杨澜引到唯一的一个空座位。她的对面坐了一位优雅的老太太，老太太写了一张非常漂亮的便笺给她：洗手间在你左后方拐弯。杨澜抬头看老太太，她正以非常优雅的姿势喝咖啡，没有看杨澜半眼。杨澜当时的心情难以言表，第一次觉得自己不被尊重是应该的。她慌忙地起身，快步走向洗手间。

她看到镜子里的自己非常狼狈，头发被风吹得凌乱，鼻子旁边甚至还沾了一点面包屑。她想起自己面试被拒的理由是穿着随意，愤慨于对方的以貌取人，此刻却发现原来自己的随意，就是对别人的不尊重，自然也得不到别人的尊重。正如杨澜后来所说的那句话，别人没有义务通过你随意的外表发现你优秀的内在。你的仪容仪表，精神状态体现的是你对生活的态度。因此我们也常说，人的形象价值百万甚至千万。

一个人的形象55%来自肢体语言，37%来自声音，8%来自说话的内容。形象的内容宽广而丰富，它包括你的穿着、言行、举止、修养、生活方式、知识层次、家庭出身、住在哪里、开什么车、和什么人交朋友等。它们在清楚地为你下着定义——无声而准确地讲述你的故事——你是谁、你的社会地位、你如何生活、你是否有发展前途……形象的综合性和它包含的丰富内容，为我们塑造成功的形象提供了很大的回旋空间。

二、内在气质修养

现代社会对人才的综合素质要求不断提高，一专多面的复合型人才是最受用人单位欢迎的对象。由于高校毕业生数量的急剧加大，招聘单位难以单凭一面印象对求职者作出正确判断。

所以，诸如学历、学位、外语水平、计算机能力、工作经验等指标经常会被用人单位提出来限制应聘者。有时求职者是否出自名校、是否师从名师、社会关系、家庭背景等也会成为影响应聘成功与否的硬性指标。但是这些都只是"敲门砖"，用人单位需要的是能真正给企业带来效益的、能够正确分析和解决问题的、有自己主见的人才。所以大学生在学习时，不要单纯为了毕业求职而去参加各种考证考试，学习的目的是为了提高自己各方面的修养，证书只是一种评价手段，真正的综合实力是在踏实的学习中不断获取的。

三、外在形象塑造

(一) 服饰礼仪原则

1. 适应性

在服饰装扮的礼仪原则中，首先便是适应性。即服饰装扮必须符合年龄、性别及场合要求。年轻人可以选择轻盈、多彩的服饰。

2. 和谐性

服装的选择还应体现职业身份与个性气质。不同的行业、不同的职位、不同的性别会有不同的要求，而其中和谐性最为突出。

3. 整体性

服装的选择是一种整体效果，无论色彩、款式、面料、质感都是整体效果中的部分，服装以外的配饰也必须是对整体效果的一种补充和增值。服饰应做到上下一致，深淡相宜，搭配协调，既简洁又不平庸。

4. 唯一性

服饰礼仪的最终目的是体现与众不同，因而选择有个性风采的服饰装扮是一种上策之选，切忌随波逐流。时尚是一种美，但时尚的东西未必适合自己，千万不能将自己的个性淹没在人群中。在考虑服饰礼仪原则时，唯一性是凸显个人品味的关键。

(二) 求职服饰礼仪

在求职过程中，恰当的服饰会给人留下良好的第一印象，服饰方面最起码的要求为得体、整洁。大学生求职面试是一个非常严肃、庄重的场合，在服饰方面要注意朴素大方、庄严整洁，着重突出职业特点。同时要符合社会大众的审美观，不要穿奇装异服。

(三) 男性和女性的装束差异

1. 男大学生服饰礼仪

(1) 服装。男大学生以穿深色或色调柔和、款式稳健的西服套装为宜，西装颜色可选择黑色、蓝色、藏蓝色、灰色等。西装平整、清洁；西装口袋不放物品；西裤平整，有裤线；不要穿宽大的运动衣；衬衣一般以色调明朗、柔和为宜，如白色、浅蓝色；袖口无污迹；领带紧贴领口，与西装的颜色对比不要太强，主色调一致，要给人富有生气、落落大方的印象。

(2) 鞋袜。鞋子要干净、光亮、稳健，穿西装最好配皮鞋，鞋帮要高，但不要太时髦；袜子不要高于小腿，与上衣相同颜色为佳，不要穿鲜亮颜色或者花格子袜子，深色为宜。

(3) 修饰。应保持头发干净，梳理整齐，但不要给人油光发亮、湿淋淋的感觉；发型宜简单、朴素、稳重大方，不要留鬓角，胡须最好刮干净。男生一般不要涂脂抹粉，不要太新潮。另外，要注意头屑、指甲、袖口等细小问题。

(4) 装饰。除了佩戴手表、领带外，无需其他饰物，简单为宜。

2. 女大学生服饰礼仪

(1) 服装。以朴素、得体的裙装或正规套装为宜，天气冷时，西装或其他短外套比较合适；不要穿运动装、牛仔裤、T恤，以免使人感觉不够庄重，更不能穿透明的薄纱裙或吊带的服饰；服饰外观要大方美观，颜色和谐，整洁、得体，同时应与自己所应聘的岗位相符合。

（2）鞋袜。在穿鞋方面也有讲究，总的原则是与整体相协调，在颜色和款式上与服装相配。面试时，不要穿长而尖的高跟鞋。中跟鞋是最佳选择，既结实又能体现职业女性的干练。

同时，女生还要注意，无论你的腿有多么漂亮，都应穿长筒袜，不能露腿。要注意选择肤色丝袜，无破洞。为了保险起见，应在包里放一双备用袜子，以便脱丝时能及时更换。

（3）修饰。要保持端庄，干净，要特别注意表现脸部的轮廓，头发要整洁而不失自然，发型文雅、庄重，梳理整齐，不宜染鲜艳的颜色。指甲不宜过长，并保持清洁。涂指甲油时以自然色为宜。

（4）化妆。"浓妆淡抹总相宜"，这是苏东坡的一句名诗。一般去正规的中外企业面试，女性需要稍微化一些淡妆，显得更有朝气。至少应该在眉、唇、颊三个部位上稍下工夫，面色健康、红润会更有亲和力。对于尚未毕业的女大学生，带有朴素气质的淡妆既符合自己的身份，也与面试的要求相吻合。切忌浓妆艳抹。

任务实施

步骤一：客观分析自身外在形象的优势与劣势。

引导学生检视自身形象，通过展现自身优势呈现良好求职状态，避免走入求职形象设计误区。

步骤二：塑造良好的求职形象。

"腹有诗书气自华"，引导学生加强内外兼修；从日常生活着眼培养良好的形象塑造习惯。

实战演练

模拟求职应聘场景，为自己量身设计个人形象。

思考训练

理解塑造职业形象的意义。

任务三 "彬彬有礼"——培养职业礼仪

任务目标

能力目标： 按照要求完成求职礼仪的练习，能够将所学知识融入日常生活，培养礼仪习惯，自然地展现求职、职场的仪态。学习如何在职场中打造良好的职业形象、养成良好的工作习惯、建立良好的人际关系。

知识目标： 了解求职面试的礼仪要求，职场中的良好的礼仪习惯，掌握培养和提升举止礼仪的技巧。

素质目标： 培养良好的礼仪习惯，提升大学生外在形象和内在礼仪，增强人际交往能力，增强大学生的综合素质。

任务描述

没有规矩，难成方圆。学校有学校的规章制度，职场有职场的礼仪规则。求职礼仪是求职面试中的一个重要考察内容，掌握了求职礼仪和求职技巧才能在面试中获得成功。作为大学生初入职场，在工作中必须掌握职场的礼仪规则，才能通行无阻。否则就会处处碰壁，寸步难行。

【案例故事】

法国"银行大王"恰科，年轻时先后52次找一家银行的董事长谋职。当他最后一次被拒绝后，失魂落魄地从银行走出时，看见银行大门前的地上有一根大头针，便弯腰把它捡了起来。出乎意料，银行在第二天给他发来了录用通知。原来，恰科弯腰捡大头针的行为，恰好被董事长看见了。

知识准备

求职者的简历被接受之后，求职的过程就进入了面试或者笔试阶段。求职者能否实现求职目标，关键的一步是与用人单位见面，与面试官进行信息交流，也是个人表达能力、沟通能力、思考能力和综合素质最直接的体现。

一、求职礼仪

面试是招聘方与求职者直接交流的过程。在面试中，求职者呈现出合适的交际礼仪能够给面试官留下良好的印象。恰到好处的表情和举止、真诚礼貌的态度和谈吐、自信从容的表达，都是面试中考核的一个重要部分。

（一）准时赴约

守时是职业礼仪的基本要求。参加面试最好提前15min到达现场，这样既不失礼貌，又能够有充足的时间稳定情绪，做好准备，避免仓促上阵。

预估参加面试的路途时间，提早出发，事先将交通路线中可能出现的不利因素考虑在内，如堵车等。如果临时发生了不可抗拒的意外情况导致不能按时参加面试，也应及时告知用人单位并表示歉意，并沟通调整面试的时间。

（二）候试

候试期间，调整好自己的情绪和状态，过于紧张或者过于兴奋的情绪都会影响面试中的表情、表达和思考。在候试期间，尽量不看手机，不与其他人过多交谈，可翻阅自己的材料，也可以稍作面试的练习，放慢语速，深呼吸，保持自然的状态。

当自己的名字被喊到时，应清晰有力地答一声"是"或"到"，然后再进门。

（三）面试心理调适

受主观和客观因素的综合影响，大学生在面试时往往会存在一些压力，从而引起心理紧张，如果不积极调适，大学生在面试中很可能处于消极状态，严重影响面试的发挥。下面是两种常见的消极状态。

1. 害怕心理

害怕心理产生的原因可能是大学生害怕竞争、害怕权威。消除害怕心理的方法如下。

（1）深呼吸。在面试前进行深呼吸，有助于缓解自己紧张的心理。此外，把拳头紧握、放松，如此反复几次，也有助于情绪的稳定。

（2）目光交流。适当的目光交流，可以消除紧张情绪。大学生在面试中感到害怕时，最好鼓起勇气，与对方进行亲切的目光交流，这会有效地缓解紧张情绪。

2. 怯场心理

怯场心理指大学生在临场情况下过分紧张和焦虑，导致感觉的敏感性下降，知识、技能的回忆受阻，注意力无法集中，影响自己原有能力发挥的心理现象。

消除怯场心理的方法如下。

（1）正确看待面试，即使面试失败，也要存"柳暗花明又一村"之念。

（2）掌握正确的面试方法，熟悉不同面试题型的要求和回答技巧。

（3）面试时提前到场，做好充分的准备，学会在场外安静地休息，放松自己。

【知识链接】

曾任克林顿及网坛名将阿加西等私人顾问的美国著名心灵唤醒导师安东尼·罗宾说过："大多数人都知道人的心理会影响生理，却少有人知道人的生理也会影响心理。"心情低落往往导致言行低落；反之，如果我们大幅度改变形象，心情就会感到震撼和鼓舞。有一项调查表明：美国高达 93% 的职业人都知道通过身体语言来调整思维、激活思维。追求成功的人如果只注重品德修养、能力的提升而忽略外在形象的塑造，必定会影响自己真正成功的速度。

（四）面试中关闭手机

关闭手机是面试的基本要求，以此体现大学生对本次面试的重视。

（五）敲门进入面试室

面试时，应在面试室外轻轻敲门（面试室的门一般是关着的），得到许可后方可进入面试室。注意敲门不可用力太大，也不可未进门时先将头伸进去张望，更不可直接推门而入。进门后，应转过身去轻轻关上门。

（六）主动问候

进入办公室后，面向面试官点头微笑，主动问候（如上午好、下午好、各位领导好等），进行简单地自我介绍，做到举止得体、大方自然。

需要注意的是，面试时不宜与面试官握手，除非面试官主动伸手与你握手。另外，如果面试官没有引导就座时，不应主动就座，应保持站姿与面试官交谈。

（七）精神集中

面试时，回答问题要集中精神，力求给对方以诚恳、沉稳、自信的印象。根据主考官的反应适时调整自己的语言表达方式，态度要自信真诚。

在谈吐方面，谈话的内容和说话的方式同等重要。说话要谦谦有礼、真诚可信，不过分夸张自傲、也不过于自卑谦虚。谈话过程中，不要随意打断对方的话，必要时，先道歉再插话。言语表达应当条理清楚，重点突出，不必过于展开细节。同时通过表情、语调、声音等诸方面的配合，传达出真诚、乐观、热情、大方的态度。

（八）回答诚实有礼

在面试场上，常会遇到一些不知道如何回答的问题。面临这种情况，默不作声、回避问题是失策；牵强附会、"强不知为知之"更是拙劣；坦率承认为上策。

在回答这些问题时，可遵循以下几个原则：

（1）突出地表现出你的性格和专业能力。

（2）充分展示你勤奋工作、追求团体目标的能力。

（3）给出有针对性的回答。

（4）将你的长处转换成有关工作业绩和效益，以及招聘方需要的用语。

（5）用完整的句子和实质性的内容回答问题。

（6）将你所有的优势都推销出去。

而对于"如果……的话，你怎么办"这类情景模拟、角色扮演的问题，宜多提供几套解决方案，以体现思维的敏捷与多元。

二、仪态礼仪

仪态指人们在交际活动中的举止所表现出的姿态和风度。主考官对求职者的评价，往往开始于对求职者的仪态表现、言行举止的观察和概括。因此，在面试时，文明规范的行为举止是十分重要的。

（一）表情

在面试时，最常用和最富有表现力的表情就是目光和微笑。

（1）目光。在面试中，正确的注视方式应该是自然地直视对方，在双方谈到共同话题时有一些视线接触，目光要自然、柔和、亲切、真诚。说话时不要低头，要看着对方的眼睛或眉间，不要回避视线。不要一味地盯着对方的眼睛，这也会让人觉得突兀。做出具体答复前，可以把视线投在对方眉峰或其他背景上约两三秒钟做思考，不宜过长，开口回答问题时，应该把视线收回来。现场有多名考官时，视线主要集中在主考官（座位居中）上，同时也可适当与其他考官进行一些视线的交流。

（2）微笑。面对面试官，求职者保持微笑是自信的体现，也能够拉近与面试官之间的距离，留下良好的印象。首先微笑必须真诚、自然；其次，微笑要适度、得体。适度是指微笑要有分寸、不出声，含而不露；得体就是要恰到好处，当笑则笑，不当笑就不笑。微笑也需要符合场合和状况，应该严肃认真时，不应微笑。需要注意，微笑是自然表情的呈现，如果过于刻意、紧张的微笑，微笑就失去了美好，适得其反，给对方留下不好的印象。

（二）手势

在揭示人的内心活动方面，手势极富表现力，如紧张时，双手相交；愤怒时，紧握拳头；疑问时，手摸后脑勺等。求职者在面试时运用手势一定要注意以下几项。

（1）适合。所谓适合主要体现在两个方面，第一，说的意思要与手势所表示的意义符合；第二，手势的量要适中。没有任何手势或者过多的手势，都会呈现出过于紧张、过于兴奋、不自然的状态。

（2）简练。每做一个手势，都力求简单、精练、清楚、明了。

（3）自然。手势贵在自然，动作要舒展、大方、自信，令人赏心悦目，切忌呆板、僵硬。

（4）协调。手势要和表达内容、声音、姿态、表情等密切配合进行，这样的动作才是优美和谐的。

（三）体姿

体姿是指通过身体的肢体语言来表达情感、传递信息的体态语，主要包括站姿、坐姿、行姿和蹲姿4种。

1. 站姿

站姿要求优美、协调、自然，在求职面试中同样能反映求职者的外在形象和礼貌修养。

（1）规范的站姿：头正、肩平、臂垂、躯挺、腿并。

（2）叉手站姿：两手在腹前交叉，右手搭在左手上。男士两脚间的距离不超过20cm。女士可以用小丁字或者小V字步。在站立中身体重心可以在两腿间转换，以减轻疲劳，这是一种常用的接待姿势。

站立时双手不可叉在腰间，也不可抱在胸前；站立时身体不能东倒西歪，也不能倚门或靠墙；站累时，脚可以向后撤半步，但上肢仍须保持正直，不可把脚向前或向后伸得过多。

2. 坐姿

站有站相，坐有坐姿，求职者进入面试室落座后的姿势也非常重要。正确的坐姿是：全身放松，两腿自然并拢，手自然地放在膝上或者桌面上，挺直腰板，身体微向前倾，既不可坐得太浅，也不能坐得太深。坐浅了容易使自己紧张，导致注意力不集中，坐深了斜倚在靠背上给人以懒散感。

3. 行姿

从步入面试室，到走出面试室，整个过程都在主考官的观察范围之内。每个细节都会反映在自己的评分表上，潇洒和优雅的走路姿势能够体现一个人的风度和魅力，给自己赢得良好的印象分。

（1）头正、肩平、头正，两肩平稳，双臂前后自然摆动，前后摆幅在30°～40°，两手自然弯曲，在摆动中离开双腿不超过一拳的距离。

（2）躯挺：上身挺直，收腹立腰，重心稍前倾。

（3）步位直：脚跟先着地，脚内侧落地，走出的轨迹要在一条直线上。

（4）步幅适度：前脚的脚跟和后脚的脚尖相距一脚的长度为宜。

（5）步速平稳：行进的速度应当保持均匀、平衡，不要忽快忽慢。在正常情况下，步速应自然舒缓，显得成熟、自信。行走时要防止八字步，低头驼背。不要摇晃肩膀，双臂大甩手；不要扭腰摆臀，左顾右盼；脚不要擦地面。

（6）双目平视，表情自然平和。

在工作中，遇到上司或来访的客人时，如果是相对而行，应靠到一侧行走；如果是同方向而行，当对方走在前面时，不可以从后面超越过去，要想超越时，应先打招呼，然后迅速通过。如果是与长辈或女性相遇，要马上站住让路。男女同行时，男士应随从女士的步伐，并让女士走在前面。上楼时男士走前面，下楼时女士走前面。引领客人时：二人并行，以右为上，所以应请客人走在自己的右侧，为了指引道路，在拐弯时，应前行一步，并伸手指引；三人同行，中间为上，右侧次之，左侧为下，所以随行人员应走在左边。如果是接待众多的客人，应走在客人的前面，并保持在客人右前方2～3步的距离，一边交谈一边配合客人的脚步，不可独自在前。引导客人时应不时地根据路线的变化，招呼客人注意行走的方向，如"请向这边走"。在引导客人的路上不可中途停下来与他人交谈（除非有必要）。在向客人介绍建筑物等场所时，避免使用食指，正确的做法是掌心稍微倾斜向上，四个手指自然地合并伸直，大拇指微微地弯曲，表示对客人的尊重。

4. 蹲姿

男士：屈膝。女士：并膝下腰。一脚在前，一脚在后，两腿向下蹲，前脚全着地，小腿基本垂直于地面，后脚脚跟提起，脚掌着地，臀部向下。

三、面试后的礼仪

许多求职者只注重应聘面试时的礼仪，而忽略了面试结束后的跟踪和反馈工作。其实，面试后的工作同样能加深主考官对求职者的印象，为面试加分。

1. 感谢

当用人单位表示面试结束时，不论结果如何，都要起身轻声表示感谢，并将椅子扶正，摆放在原来的位置，再次表示感谢后，再轻推门离开。

2. 不可贸然打听面试结果

面试结束后，不可贸然地打电话询问相关情况，可以通过感谢信函的方式再次加深用人单位对你的印象。若是一周内没有接到任何回音，此时，可以给用人单位打个电话，询问面试结果。以表示出你对这个工作的兴趣和热情，同时从用人单位的语气中听出自己是否还有被录用的希望。

3. 总结经验

面试一结束，应该对自己在面试时遇到的难题进行回顾。重新考虑一下，如果再遇到相同的问题时，该如何更好地回答。

4. 感谢信

面试后的 24h 之内，发出书面感谢信。感谢信要简洁，最好不超过一页。感谢信的开头应提及你的姓名及简单情况，并对招聘人员表示感谢，简短地谈到你对公司的兴趣、你有关的经历和你可以成功地帮助他们解决的问题。

【范例】

尊敬的××先生：

感谢您昨天为我面试花费的时间和精力。和您谈话很愉快，并且了解到许多关于贵公司的情况，包括公司的历史、管理形式以及公司宗旨。

正像我已经谈到过的，我的专业知识、经验和成绩对公司是很有用的，尤其是吃苦精神和钻研能力。我还在公司、您本人和我三者之间发现了思想方法和管理方法上的许多共同点。我对贵公司的前途十分有信心，希望有机会和你们共同工作，为公司的发展共同努力。

再一次感谢您。希望有机会与您再谈。

×××

××××年××月××日

四、职业礼仪

对初入职场的大学生而言，养成良好的职业行为习惯是做好工作的前提条件。行为是个体受思想支配表现出来的外表活动，习惯则指个体积久养成的生活方式。在职场中，好的职业行为习惯能帮助大学生高效率、高质量地完成工作，达到预期目标。

在职业活动中，职业礼仪关系到大学生能否获得一份理想的职业，关系到职场中能否拥有良好的职业形象。了解并掌握一定的职业礼仪，有助于大学生提升职业形象，掌握人际关系的技巧，有利于大学生完善综合素质、增强工作能力和竞争能力。

（一）打造良好的职业形象

第一印象是在与人初次接触时给对方留下的形象特征，心理学上称为"首因效应"。第一印象在人际交往中具备的定式效应有很大的稳定性，一个人留给他人的第一印象像深刻的烙印，很难改变。社会学和心理学的研究成果表明：第一印象具有良好的"思维定式效应""形象光环效应"和"认识先入为主效应"。因此，大学生要树立良好的第一印象，进而树立良好的职业形象，为今后良好的职业发展奠定基础。

职业形象，就是社会公众对从业者的感受和评价。职业形象具有个性化特征，同时还是一个综合性的指标。不同的从业者具有不同的职业形象，如公务员和一线技术操作人员的职业形象就不一样。一个从业者的职业形象，是公众对他的着装、气质、言谈、举止、能力、敬业精神、乐观自信等外在形象和内在形象的综合印象。

1. 仪表端庄

作为职业新人，大学生首先要注意自己的着装打扮，应符合自己的职业身份。无论从事哪种职业类型，只要工作性质允许，适当的颜面修饰，都会使人显得精神焕发。衣着不一定高档、时髦，应尽可能摆脱学生时代的稚嫩装扮，选择一身合适的职业装，能给自己的个人形象加分不少。切忌穿着随意（男生穿短裤、背心甚至拖鞋，女生穿着暴露等）。

2. 言谈得体

在注意外表的同时，大学生还要注意自己的言谈，要经常保持微笑，一方面要切忌有"傲气"，自以为是、夸夸其谈；另一方面也要切忌过分腼腆。大学生对于新问题、新情况，要虚心求教、善于倾听，与人相处应不矜不持不卑不亢。与他人交谈过程中应认真、耐心、专注地聆听，表示理解，适时回应也是礼仪，忌谈涉及个人隐私、非议他人、格调不高等令人反感的话题。

3. 举止有节

（1）握手。握手是最普通的见面礼仪。握手除了作为见面、告辞、和解时的礼节外，也是祝贺、感谢或相互鼓励的表示。握手时应注视对方，面带微笑，并脱下手套、取下帽子、墨镜等。握手的时间通常3～5s为宜，一般情况下时间可以更短些；握手的力度应适度，不轻不重，恰到好处；不要跨门槛握手，多人时不要交叉握手。

1）与女士握手。应等女士先伸出手，握手之前，男士必须先脱下手套。与女士握手，要掌握时间和力度，一般来说，握手的力度要轻一些，时间要短一些，不可握着对方的手用劲摇晃。

2）与老人、长辈或贵宾握手。一般情况下，平辈、朋友或熟人先伸手为有礼，而对老人、长辈或贵宾时，则应对方先伸手，自己才可伸手去接握，否则，很容易被看作是不礼貌的表现。握手时，不能昂首挺胸，身体可稍微前倾，以示尊重，但也不能因对方是贵宾就显得胆小拘谨。当老人或贵宾向你伸手时，应快步上前，用双手握住对方的手，并根据场合，边握手边打招呼问候，如"您好""欢迎您""很高兴见到您"等热情致意的话。

3) 与若干人在一起时握手、致意的顺序是：先贵宾、老人，后同事、晚辈，先女后男。不要几个人竞相交叉握手，或在跨着门槛甚至隔着门槛时握手，这些做法是失礼的行为。

4) 与众多上级握手时，应尽可能按其职位的高低顺序进行，但也可由他们中的一位介绍后，由你与对方一一握手。如同来的上级职位相当，握手的顺序应是先长辈（或女士），然后再是其他人。

（2）使用名片。使用名片的礼仪有递交、接收和交换三个环节。

1) 递交名片要讲究场合。商业性质的横向联系，交际、社交场合中的礼节性拜访以及表达情感或祝贺场所都可以递交。要掌握好递交名片的时机。如果是初次见面，相互介绍之后可递上；如果是比较熟识的朋友，可在告辞的时候递上。

递交名片时，为了表示对对方的尊敬，一般应双手递上，特别是下级递给上级、晚辈递给长辈时，更应如此。应将名片上的姓名朝向对方，以便对方观看。应面带微笑地递交名片，同时还要说些友好礼貌的话，如"这是我的名片，欢迎多联系""这是我的名片，请多关照"等。总之，动作要洒脱大方，态度要从容自然，表情要亲切谦恭。

2) 接受名片时，要双手接过并认真地看看，表示出对对方的尊重。

3) 交换名片时，一般是地位低者、晚辈或客人先向地位高者、长辈或主人递上名片，然后再由后者予以回赠。若上级或长辈先递上名片，下级或晚辈也不必谦让，礼貌地用双手接过，道声"谢谢"，再予以回赠。

（3）介绍的礼仪。

1) 介绍的顺序原则：把男士介绍给女士，把晚辈介绍给长辈，把职位低者介绍给职位高者，把公司同事介绍给客户，把非官方人士介绍给官方人士，把本国同事介绍给外籍同事。

2) 介绍时要说明被介绍的人是谁。如"这位是王总，是我们公司的董事长。"介绍时要多提供些相关的个人资料，比如介绍某人在某个行业做事时，其公司的名称与其职务也不要遗漏。这样，被介绍的双方在之后的交谈中，能够找到更多的话题。

3) 介绍时记得加上头衔，你所介绍的人如果有任何代表他身份地位的头衔，如博士、部长、董事长等，在介绍时一定要冠在姓名之后。

4) 当介绍一方时，目光应热情注视对方，要注意微笑着用自己的视线把另一方的注意力引导过来，手的正确姿势应该是四指并拢，拇指张开，掌心向上，胳膊略向外伸，于指向被介绍者。

（4）接打电话。听到电话铃响应及时接。电话接通后，首先要向对方问好。打电话时除了问好外，还应问清对方单位，再报出你的姓名。如果你是找人，要客气地请求受话者代为寻叫。一般来说，在办公室里，电话铃响三遍之前就应接听，三遍以后，就应道歉："对不起，让您久等了！"如果受话人正在做一件要紧的事不能马上接听，你应作解释："对不起，他（她）正在忙，不过这就来，请稍候！"在传呼人时，不要大声叫喊"××

×，你的电话"，这让来电者听了会觉得你没有修养。如果要找的人不在，你要告诉来电者请他过一会儿再打来。不要让对方久等，更不要不作任何交代就把电话挂断，这是失礼的，会损害企业和你的形象，也会影响你和同事的关系。

接电话一般应由来电话的人先结束谈话，如果对方还没有讲完你就挂断了电话，是很不礼貌的。如果电话来得不是时候，你也应有耐心，在适当的时候打断对方的话，委婉地告诉对方："真想和您多谈，可现在有件急事要处理，明天我打电话给您好吗？"切不可粗暴地挂断电话。打电话应以不影响对方休息、不干扰对方的家庭生活为宜。

【知识链接】

成 功 的 职 业 形 象

(1) 目光有神、有力，敢于正视前方，正视对方，与对方的目光进行合理的接触。

(2) 站立、行走挺胸抬头。

(3) 坐下时，手、腿、脚摆放合理，不乱动。

(4) 举手、抬足、转身、动作的力度和频度要适中。

(5) 说话时要言之有物，讲究措辞、语调，声音高低适中，手势配合得当。

(6) 认真倾听他人讲话，不随便插话或打断他人讲话。

(7) 穿着要与身份、地点、时间相符，整洁干净。

(二) 养成良好的工作习惯

职业行为习惯是职业素养的重要组成部分，也是职业素养的外在表现。良好的职业行为习惯，并不是通过短时间的入职培训就可以训练而成的。大学生在大学阶段就要有意识地培养自己的职业行为习惯，具体如下。

1. 守时

守时是最基本的职业行为习惯，一般提前 10min 上班或者参会。自由职业者虽然可以自行制订作息时间，但需要有更强的自律性。大学生应在大学期间的各种学习和活动中守时、准点，培养守时习惯。

2. 快速响应

在职场中，每个员工都是团队中的一员，对本职工作任务能否快速响应，影响到的不仅仅是自己任务的完成情况，更影响到整个团队的任务完成情况。大学生应当有意识地培养快速响应的习惯。

3. 诚实守信，遵守纪律

诚实守信是每个人在人际交往中必须遵循的一条准则。答应别人的事情务必要兑现，如确实因客观原因未能做到，一定要通过合适的方式请对方予以理解，避免发生误会。职场新人应自觉遵守各项规章制度和工作纪律，不迟到、不早退，主动做一些内务工作。切忌迟到早退、行为懒散。

4. 积极进取，踏实肯干

大学生走上工作岗位，首先要经历一个由理论到实践的过程，要注意将所学的理论知识积极运用到实际问题中去；要注意向经验学习、向实践学习，不断提高自己分析问题、解决问题的能力；对待工作要认真负责、任劳任怨、甘于奉献，切忌虎头蛇尾。

（三）建立良好的人际关系

人际关系是人与人之间心理上的关系和距离，是以一定的群体为背景，在互相交往的基础上，通过认识调节、感情体验、行为交往等手段形成的，是人们长期交往的结果。对刚刚走上工作岗位的大学生而言，建立和谐的人际关系，可以帮助他们尽快消除新环境带来的陌生感，顺利度过适应期。良好的人际关系不但有助于个人的身心健康，也有利于集体的团结和谐。

学习如何处理人际关系是大学生职业生涯中的必修课。在职场中建立良好的人际关系要做到以下 3 点。

1. 尊重他人，平等待人

大学生不应以己之长比他人之短，应尊重他人的劳动及成果，尊重他人的情感和人格，同时也要自尊自重，谦虚谨慎；不以职务高低、工资多少来决定对待他人的态度，应尽力与所有同事发展平等互助的友好关系。

2. 以诚待人，热心助人

大学生应实事求是，和同事相互理解、相互信任。人际交往中即使发生误会，只要诚实守信，误解也会冰消雪融。

3. 主动随和，宽容大度

大学生应胸怀宽广，多包容、多关心、少指责，坚持以严格的规范要求自己，以宽厚的态度对待别人，勇于剖析自己，主动担当责任，与人为善。

【知识链接】

职业人服务的禁忌

1. 不尊敬之语。如对老年服务对象讲话时，不可说"老头"等。

2. 不友好之语。在任何情况下，都不允许服务人员对服务对象用不友善、甚至怀有敌意的语言。

3. 不耐烦之语。服务人员禁止说"我也不知道""从未听说过""吵什么吵""烦死人了""不买东西别问""你问我，我问谁"等。

4. 说话时词不达意，时断时续，语调怪异，声音低弱，态度冷漠。

【知识链接】

求职秘籍一　参加招聘会的 10 个注意事项

（1）要明确自身条件，不要眼高手低，更不能自卑。事先打印出简历，把自己的工作经历及求职意向清楚表达出来。在简历中注明自己的联系方式，使用人单位能及时与你取得联系。

（2）保证良好的精神面貌。应该朝气蓬勃、充满自信，要相信自己所掌握的技能一定能胜任要从事的工作。

（3）合理选择意向。进入人才市场后，最好是先尽快地浏览一遍，根据自己的求职意向，确定几个重点，再去交谈。

（4）参会时不要带过多的证件原件。因为参会人多，用人单位没时间当场验证，而主要是进行初次面试和看简历。

（5）咨询。应仔细询问招聘单位的详细情况，包括单位的上级主管部门、所有制性质、法人、招聘的内容和目的、用工形式、工作时间、月薪支付等，做到心中有数。

（6）多小心，防受骗。近年来，一些骗子利用招聘大会行骗的事时有发生，其手法往往不高明，但总能得手，主要是不少应聘者缺乏必要的自我保护意识。

（7）不让家长陪同。否则，会给用人单位留下"缺乏独立性"的不良印象。

（8）重视举止形象。毕业生要掌握必要的礼仪和谈话技巧，并要适当地"包装"自己。

（9）留下必需的资料。如果单位不能当场签约，还要继续面试或考核，就要留下自荐书、简历等材料。

（10）一般不在现场签约。会后两三天内可主动与用人单位联系。

求职秘籍二　面试的 15 个经典问题

在面试的过程中能够应对自如，除了作必要的心理准备之外，还应对用人单位可能提出的面试问题有一个初步预估，包括每一个问题背后的意图，以及每一个问题的回答思路。下面列举了一些用人单位面试过程中使用频率最高的问题及回答思路。求职者可根据个人情况，提前准备好自己的答案。

问题一：请你自我介绍一下。

这是面试的必考题目，用人单位通过求职者的回答，对求职者进行初步了解，并初步判断求职者与职业的匹配度。

思路：①介绍内容要与个人简历相一致；②表述自然且口语化，切忌直接背诵；③重点突出，不谈无关、无用的内容；④条理要清晰，层次要分明；⑤提前准备，根据不同的用人单位需求应针对性地调整自我介绍的内容。

【案例故事】

"我是福建水利电力职业技术学院大三学生丁少杰，我将用 3 个关键词来介绍自己。"丁少杰的这句话，立刻让面试官抬起头来，坐正身子认真听起来。丁少杰的 3 个关键词是"社团""比赛""实习"，并分别举了几个例子，让面试官听得频频点头。3 个关键词证明了他的领导力、沟通力、团队合作能力很强。

问题二：谈谈你的家庭情况。

思路：①简单地罗列家庭主要成员；②描述温馨和睦的家庭氛围；③强调父母对自己教育的重视；④表示家庭成员对自己工作的支持；⑤表达自己对家庭的责任感。

问题三：你有什么业余爱好？

思路：①不说自己没有业余爱好；②不说庸俗的、没有意义的爱好，如打游戏、聊天等；③可介绍一些特别的兴趣爱好；④最好有一些户外的业余爱好。

问题四：你最崇拜谁？

思路：①不说谁都不崇拜；②不说崇拜自己；③最好不说崇拜一个明显具有负面形象的人；④崇拜的人最好与应聘的工作有所联系；⑤条理清晰地说明崇拜的原因，崇拜的人的品质、思想如何影响自己。

问题五：你的座右铭是什么？

思路：①不说太抽象的座右铭；②不说太长的座右铭；③能反映出自己某种优秀品质的座右铭；④内容积极向上的、与工作相关的座右铭。

问题六：你对加班的看法是什么？

思路：①如果是工作需要，义不容辞加班；②提高工作效率，减少不必要的加班；③加班对于公司而言，实际也是一种成本。

问题七：在五年的时间内，你的职业规划是什么？

思路：①结合自身情况，实事求是；②切忌说没有规划；③有自己的规划，可根据公司和应聘的职位发展情况调整。

问题八：谈谈你的缺点。

思路：①不说没有缺点；②不把明显的优点说成缺点；③不说影响所应聘工作的缺点；④不说过于严重的缺点；⑤可以说一些表面上看是缺点，从工作的角度看却是优点的缺点；⑥表达自己改变缺点的态度。

问题九：谈一谈你的一次失败经历。

思路：①不宜说没有失败的经历；②不宜说出严重影响所应聘工作的失败经历；③说明导致失败的客观原因；④重点强调失败后自己的反思与总结，以及再次面对工作的态度。

问题十：你为什么选择我们公司？

思路：①从行业、企业和岗位这3个方面来回答；②自身能力符合公司的需求；③公司将来的发展与自我职业规划的契合；④公司文化理念的认同和赞赏。

问题十一：您在前一家公司的离职原因是什么？

思路：①避免把离职原因说得太详细；②不能掺杂主观的负面感受，如"太辛苦""人际关系复杂"等；③不能涉及个人负面的人格特征，如不诚实、缺乏责任感等；④结合自己的规划和目前应聘公司的优势来谈。

问题十二：我们为什么要录用你？

思路：①应聘者最好站在招聘单位的角度来回答；②招聘单位一般会录用这样的应聘者：基本符合条件，对这份工作感兴趣，有足够的信心；③合适的回答如"我符合贵公司的招聘条件，凭我目前掌握的技能、高度的责任感和良好的适应能力及学习能力，完全能胜任这份工作。我十分希望能为贵公司服务，如果贵公司给我这个机会，我也希望我的工作能为公司的发展作出一些贡献！"

问题十三：与上级意见不一致时，你会怎么做？

思路：一般可以这样回答：①"我会将个人的想法合理地向上级汇报，最终，我会服从上级的意见。"②"对于非原则性的问题，我会服从上级的意见，对于涉及公司利益的重大问题，我希望能向更高层领导反映。"

问题十四：你是应届毕业生，缺乏经验，如何能胜任这项工作？

思路：①虽然经验不足，但强调个人的优势特点，例如学习能力强、做事负责担当、态度诚恳敬业等；②合适的回答如"作为应届毕业生，在工作经验方面的确会有所欠缺，因此在读书期间我一直利用各种机会在这个行业里做兼职。我也发现，实际工作远比书本知识丰富、复杂。但我有较强的责任心、适应能力和学习能力，而且比较勤奋，所以在兼职中均能圆满完成各项工作，从中获取的经验也令我受益匪浅。请贵公司放心，学校所学及兼职的工作经验使我一定能胜任这个职位。"

问题十五：你的期望薪资是多少？

思路：①如果已了解用人单位的薪资情况，可回答比该薪资水平稍低一些，但也要表示在工作经验丰富之后，希望通过工作业绩能够获得更高的薪资；②如果不了解用人单位的薪资情况，则以本行业同规模的用人单位薪资作为参考。

任务实施

步骤一：了解职业礼仪的要点和注意事项。

引导大学生了解求职礼仪的要点和注意事项。学习如何进行规范的礼仪表达，在职场中如何打造良好的职业形象、养成良好的工作习惯、建立良好的人际关系。

步骤二：养成良好的职业礼仪习惯。

引导大学生在日常生活中加强对礼仪的关注、培养、训练。让职业礼仪成为自身的日常习惯，才能在求职面试和职场工作中自然、自信地展示自己，树立良好的职业形象。成为一个彬彬有"礼"的职业人。

实战演练

组织开展求职面试现场情景模拟。

一、活动目的

通过现场模拟发现大学生在求职过程中容易出现的礼仪举止上的问题，及时纠正，引导学生在日常生活中学会进行职业礼仪的自我培养。

二、活动方式

以小组为单位进行情景模拟，10人一组，其中，2人为面试官，7人为求职者，1人负责视频拍摄。求职者需要与面试官进行面试谈话，面试官记录下求职者在面试中出现的礼仪问题，活动结束后由面试官总结大学生在求职礼仪中出现的问题，由求职者现场示范规范正确的礼仪表现。

三、活动总结

总结在日常生活中如何培养职业礼仪、纠正错误表现。

思考训练

1. 举例说明怎样建立良好的职场人际关系。

2. 联系实际谈谈怎样塑造美好的职业形象。

3. 以 3 人为一个小组，拍摄制作一段规范的求职礼仪视频（5~10min）。

项目七 职 来 职 往

项目描述

职 场 实 践 与 探 索

本项目通过思政实践、暑期就业实践和企业参观三种形式的"实践探索"，以丰富多样的形式融入大学生职业素养基础教育，引导在校生了解自我、认识职业世界、尽早树立职业理想与生涯发展目标，为进一步推进大学生职业生涯规划教育和就业指导工作提供创新活力，为青春理想添翼增力。

"'喻见职道'名企行"作为就业指导课程的必要组成部分，引导在校学生通过实地参观和座谈访问等形式切实感受企业文化，近距离接触企业高管，提升对职业世界的认知；"与祖国同行"暑期就业实践，组织多支队伍前往祖国各地寻访用人单位、回访校友，深入了解电力行业关键领域、重点专业的发展情况及对人才的需求特点；与行业龙头企业共同建立校企产教融合，建设与企业长期沟通、提升学生职业素养、拓展学生视野的平台，将生涯教育融入大学生活全过程，提升职业生涯规划能力。

任务一 "生涯初探"——水院学子赴企业实习实践

任务目标

能力目标：通过实践，帮助大学生了解就业形势，熟悉就业政策，合理有效利用各类资源，在求职择业过程中脱颖而出，更好地实现个人价值。

知识目标：近距离感受电力企业文化和工作氛围，了解不同电力企业运作模式，员工职业发展通道，积累工作经验，提高自身实践能力和就业竞争力。

素质目标：通过走访企业了解校友在基层的锻炼成长经历，以培育和践行社会主义核心价值观为引领，鼓励学生勇担历史责任、服务基层发展。

任务描述

学校整合校内、校友、企业三类资源，为生涯教育提供生动而富有活力的实践平台。"出发去基层"，通过采访校友在基层的锻炼成长经历，以培育和践行社会主义核心价值观为引领，鼓励学生勇担历史责任、服务基层发展；"职同道合"，咨询企业资深人力资源经理，从简历制作到职场礼仪、从有效沟通到角色转变，多角度帮助学生提升职业素养，进一步作好职业生涯规划。开展"职点人生"岗位咨询等活动，帮助大学生了解就业形势，熟悉岗位特征，合理有效利用各类资源，在求职择业过程中脱颖而出，更好地实现个人价值。

知识准备

为了不断深化校企合作和产教融合，提高专业教学与产业发展的契合度，增强职业教育服务经济和社会发展的能力，创新人才培养模式，让学生体验企业文化、感受岗位管理、认知专业未来；学院组织各专业学生赴企业进行参观学习。

一、国网供电有限公司供电所

了解供电所的运营流程及各部分的职能（以营业大厅为主）。随供电所所长参观营业大厅优质服务内容、智能展厅内容、办公区党建相关内容、新员工入职培训实验室等。

收获与感悟：最主要的是改变了对电力部门的刻板印象。之前对这里的印象就是交交电费什么的，但其实通过掌上国网APP，客户可以在线上完成很多相关业务。在营业厅办理最多的业务是开通用电和新装电表。这两项操作也非常简单，只需要在APP上传相关证件，营业员再通过一个审核电话来确认就可以完成。

除此之外还有一项充电桩服务。购买了电动汽车的客户可从4S店获取相关的资质信息，如汽车需要多大的电流、相数等，然后将这些材料上报电力部门。营业员确认安装信息后，就会派安装人员在指定地点安装。因为国家鼓励电动汽车，所以安装过程除人工费外没有额外费用，充电桩电费相比居民用电也要低一些。

二、福建送变电有限公司

该公司经营范围包括各种电压等级、容量的输电线路；变电站建筑安装和电缆工程；电气设备安装工程施工等。首先，同学们到安全监察部，听工作人员介绍日常工作，如审查安全检查书等；然后由工作人员向同学们介绍部门内所使用的一些平台；接下来前往工地现场观摩；之后前往调试分公司，参观公司内部比学校实验室种类更加多样的实验设备。

收获与感悟：书本上的知识是学习的基础，是叩开社会的敲门砖，所以必须重视。如在一些项目书的理论值计算中会用到一些课堂上的理论方法，当然这些理论计算是需要和实际情况相对应的，有了现场的实地经历，才能发挥出理论知识应有的能量。所以我们既要重视在大学期间习得的知识，更要从现在的学习中就开始培养理论与实际相结合的能力。

三、中国电建集团福建公司

公司经营范围包括：电网规划、电厂、变电站、送电线路、调度自动化及微波、载波通信工程的勘察、咨询、设计、项目管理及总承包等。主要参观大厅、餐厅、公司内部工作环境等，学习线路设计流程。邀请2位师兄讲述每天的工作内容。

四、电力工程技术有限公司

参观学习安规内容、检修知识、万能表的使用，以及零部件名称作用，掌握电动机正反转接线图和工作原理。

收获与感悟：电力施工的实际工作量巨大，并且进行任何工作的时候都需要开工作票。学校学的东西感觉不够用，有些还和实际有出入，真要学点本领还是得出来实习涨涨知识。比如CAD图纸，课堂上练习绘画的和实际需要画的完全不在一个等级。有一些知识需要现学现用。一些实验室学到的操作知识，比如左零右火、火线是红线、零线是蓝线、地线是黄绿相间的线、引接线的步骤等，在现场都用得上。

五、电力公司检修公司 500kV 变电站

首先站长带领同学参观变电站全貌，并介绍站内各组成部分。之后带领同学去设备区利用 PDA 进行例行巡视，掌握设备运行情况。这一过程对实习同学来说是新鲜有趣的。结束实地勘测后，学生与站长面对面座谈，站长讲到：对于变电运行这个职业来说，作为一个站的站长，最主要的职责首先就是保证安全生产。安全无小事，在保证安全的前提下，才能有序开展其他工作。比如在保证安全前提下，进行全站人员的培训，进行正确的、合理的倒闸操作。另一个很重要的工作就是在出现异常或者事故的时候，要正确地、快速地把缺陷处理掉，及时地上报和汇报，尽量缩小事故的范围、缩短事故的时间，保证电网的安全可靠运行。

变电站最基础的一项工作就是日常巡视和维护工作。每天的例行巡视、每个月的全面巡视、每个月的熄灯巡视，以及在设备异常发热和过负荷时的特殊巡视，都是运行员不断重复完成的工作。另外，各种各样的维护工作，如电缆沟的清扫，各种油位、表计数值的抄录，看似很轻松，其实是一项很枯燥、很乏味的工作。但是只有这样不断地机械性地去重复才能保证电网安全可靠运行。

六、联盛纸业热电厂

了解厂区大致情况，企业文化、机组类型、接线形式等，通过监控平台学习锅炉系统、汽机系统、电气系统、公用系统、脱硫系统等工作流程。之后前往燃料部学习燃料采购、燃料管理知识，参观煤场。期间帮忙给汽车过磅，做一些副手工作。通过工作过程，掌握燃料计价方式、燃料称重、采样、制样、化验流程。

通过参观，同学们不仅明确了求职意识，也通过和 HR 的互动提升了职业素养，通过实践点亮了新的职业技能。通过走访多家知名企业，组织更多岗位体验活动，服务更多求职学生，为学生与企业搭建起面对面接触的平台，实现求职学生与用人企业的共赢发展。

【案例故事】

企业环境对职业的影响

2019 年 5 月 26 日下午，我院 18 级 54 名学生在林世治老师的带领下，到国网永安供电有限公司开展认知活动。

活动中，永安供电有限公司人力资源部负责人、公司副总经理就公司企业文化、业务范围、员工职业素养要求、新员工培训体系分别向同学们作了详细阐述，就电力专业学生职业前景及未来发展作了深入浅出的分析讲解，并带领同学们参观了工作场景，观看了企业文化宣传片。

参观过程中同学们仔细聆听，在互动交流环节积极提问，很好地展现了水院学生良好的职业风采和综合素质，得到了企业的一致肯定和好评，并表达了进一步加强校企合作的强烈愿望。同学们也纷纷表示通过参观，大家进一步熟悉了企业，明确了职业方向，坚定了专业信心，也激发了青年们进一步了解职场生活的兴趣。

> **分析**：大家可以去横向比较不同地区的电力企业之间有什么异同点，以及在这个过程中有什么相同的感受。通过这样的实践，学生们对于电力行业认知更加全面细致。更重要的是，每一个人都感受到了理论实践相结合的必要性。学校学习的理论知识是基础，但是实践经验也同样不可或缺。理论结合实践，才能两者相辅相成，从而发挥最大的作用。同学们更是从一线员工的工作经历中受到启发与感召，交流自己对求职经历的反思，明晰对未来就业的规划。

任务实施

步骤一：走进企业体验一线岗位。

通过走访不同的电力企业，感受不同企业之间的异同点。通过实践，使同学们对于电力行业的认知更加全面细致。更重要的是，每个人要认识到自己要成为一个什么样的水院人，自己将来要做什么岗位的工作。

步骤二：了解行业发展现状。

通过走访企业，了解目前行业的发展状况，为自己的未来选择好方向。

实战演练

1. 参观本地区相关企业。
2. 咨询企业员工，了解职场需求，熟悉职业环境，坚定职业定位。

思考训练

1. 自身情况对职业的选择有什么影响？
2. 我想要成为一个什么样的员工？

任务二　思政实践——传承红色基因，争做时代新人

任务目标

能力目标：通过丰富的参观、实践活动，让学生走出去，将理论与实际相结合，将地方特色与教学相结合，让学生在现场体验中更好地领会中国精神、爱国主义；通过榜样的作用让学生学会敬业、奉献等良好的职业道德品质；提高学生的社会服务能力以及动手能力。

知识目标：通过此次的思政课外实践活动周，使同学们对红色文化有了初步了解，通过重走红军路，锻炼了意志，再次坚定共产主义的理想信念，提升了政治素养；通过与学生一周的相处，拉近了师生间的距离，对学生的学习习惯、兴趣爱好有了进一步了解，有助于在未来的教学中创新教育教学方式，培养学生的学习兴趣、学习动力。

素质目标：通过了解红军长征的历史，丰富思政教学素材，也为学生社会实践提供了革命宣传基地，增进学生的爱国主义热情，增强民族自豪感。

任务描述

在长汀三天的实践，回想过去的烽火岁月，一寸山河一寸血，一抔热土一抔魂，让同学们感受到长汀的红色文化、红色资源和红色精神。在那个水深火热的年代里，无数的革

命英烈为了我们今天的幸福生活浴血奋战，不畏强敌。所以，我们不仅要珍惜这来之不易的幸福生活，更应该对革命英烈常怀敬仰之情。红军为保护百姓安全的付出是我们不能经历的，但他们的精神是我们努力的方向。在高职学生职业素养教育中贯彻思政实践育人理念，引导学生进行科学的自我认知与职业探索，鼓励学生坚定理想信念，服务国家战略发展，自觉到祖国和人民最需要的地方建功立业，同人民一道拼搏、同祖国一道前进，服务人民、奉献祖国，用中国梦激扬青春梦。

知识准备

长汀是红军故乡、红色土地、红旗不倒的地方。红色文化是在革命战争年代，由中国共产党人、先进分子和人民群众共同创造并极具中国特色的先进文化，蕴含着丰富的革命精神和厚重的历史文化内涵。通过一周的实践活动，学生们重温了革命历史、瞻仰了革命先烈的伟绩，全身心地融入到红色文化中。同学们纷纷表示学到了很多，并收获了很多，充分领悟学习到了长征精神的真谛。

一、传承红色文化、追探革命历史

实践活动的第一天。早上学院集合，出发长汀，途中唱红歌。通过唱红歌让学生体味革命精神。经过两个多小时的车程达到长汀后，我们开展了现场教学。第一站是长汀历史文化名镇建设（明清古街及古城墙）。店头街因临近惠吉门（又叫水吉门）码头，唐朝时始有些零星商贸交易，到了宋代形成大规模的集市，直至明清发展成为繁华的街市。街道两旁皆是木制的两层小楼，古香古色，前有店铺后有坊，上为住宅下为店。整条街道中，小饭馆、理发店、特产店、手工店铺鳞次栉比，人们来来往往，热热闹闹，充满了生活气息，因此被百姓们亲切的"店头街"。穿过古街就到了古城墙，站在城墙上仿佛可以感受到当年的战火与硝烟。明清古城墙是长汀古城的"外包装"，把长汀城隍庙、文庙、天后宫等古建筑都一概围在了其内。

同学们整理好队伍，准备出发

第二站来到红四军司令部、政治部旧址——辛耕别墅、福音医院、老古井、福音医院休养所——毛泽东旧居。辛耕别墅，原系民国时期长汀商会会长卢泽林的私邸。别墅坐西朝东，门前有一条小河，当年风华正茂的革命家们就是在这里为劳苦大众过上好日子而

汀州古城墙，诉说着历史

行走在城墙上，感受历史的厚重感

"辛耕"不辍。1929年3月14日，红四军司令部和政治部设于此，毛泽东、朱德、陈毅等在此召开了红四军前委扩大会议，确定了开辟中央革命根据地的战略方针。中央红色医院前身——福音医院旧址，在长汀县城关东后巷。英国教会于清光绪三十年（1904）开办，1925年"五卅"运动后，由傅连暲主持院务。该院是第一个为红军服务的医院，毛泽东等人曾在此治病。1933年初，迁往江西瑞金，改为"中央红军医院"。

参观红四军司令部、政治部旧址——辛耕别墅

讲解员在向同学们介绍辛耕别墅的历史

同学们专心致志地听讲解

参观福音医院

"毛泽东最牵挂的古井"，水很清澈

福音医院休养所（毛泽东旧居）前合影留念

二、现场体验教学，感悟革命精神

赴松毛岭现场教学，学生们穿上整套的红军装，个个精神抖擞，穿上红军装感觉就像是要奔赴战场。到了松毛岭首先进行授旗仪式，整理好队伍后进行旗帜的交接，唱国歌，听松毛岭的战争事迹，让学生回到1934年，亲身体验松毛岭战役，了解松毛岭战役作为红军长征前最后一战，以弱搏强，血战七天七夜，为中央主力红军战略大转移赢得宝贵时间的悲壮史实。不少同学表示听完之后内心充满了热血，恨不得能回到当时的现场献出自己的一点微薄之力，听完后久久沉浸其中。参观松毛岭战斗烈士纪念碑之后，组织学生在红军无名烈士墓前进行瞻仰仪式。实践队的学生们有感而发：体会了什么叫作"青山处处埋忠骨"，很难想象这一片绿油油的山岭曾经是尸骨遍野。接着组织学生体验了增援任务。学生们扛着粮食与弹药前往增援，行走在颠簸的山路，过着独木桥，最终到达指挥部。路途中感受着飞机炮弹的轰鸣声，架着伤员，整个体验过程都让学生们感慨革命先辈的伟大与不易。

整队进行授旗仪式

致敬革命先烈

抬伤员

　　下午学生们赴红军长征第一村——中复村现场教学，目的是了解中复村作为红军长征第一村的历史背景与意义，感受苏区人民为革命事业作出的重大贡献。中复村是长征起点之一。1934年9月30日，红九军团在长汀县钟屋村"观寿公"祠堂前的大草坪上召集了由赤卫模范队员、少先队员和群众等人参加的万人誓师大会。当天下午3时，红九军团兵分两路，前往江西瑞金红都，开始了举世闻名的二万五千里长征。国民党军队于10月21

日进占钟屋村时，那里早已坚壁清野，十室九空，变成个无人村了。可是，国民党为炫耀"战绩"，以谐音将钟屋村更名为"中复村"，即"中央军光复"之意。

中复村现场教学

模拟战场救援

社会实践队出发至松毛岭战役的作战指挥部：观寿公祠。但是要到观寿公祠，必经红军桥，这是一座客家风格的廊桥。为何叫红军桥？"当年这里曾是红军的征兵处，当地好男儿踊跃参军，当他们跨出廊桥的那一刻，就已经走上一条为革命赴汤蹈火的道路。"国防科技大学兼职教师钟老师指着桥上木柱上的刻线说，"这条线和带刺刀的枪一样高，青年达到这个高度就可以参加红军了。这是一条'生命等高线'。"走过红军桥，穿过村中的街道，我们来到了观寿公祠。祠堂门前立有石碑，上刻"红九军团长征二万五千里零公里处"。当年，红九军团经过松毛岭血战后，就是从这里集结开始战略转移的。学生们在这里喝壮行酒，燃起火把，体验了红军长征再出发仪式。

三、延伸专业课堂，增强生态意识

第二天行程的最后一站是参观中国水土流失治理的品牌、南方水土流失治理典范——长汀县河田水土流失治理科教园。在科教园里，学生们学到了不一样的东西：水土流失的根本原因其实还是人民对其的不重视，现如今，在国家和政府以及人民的努力下，治理水土流失已不再是梦。

穿过村中的街道

红军桥前听讲解

喝壮行酒

点燃火把

四、瞻仰革命先烈，弘扬爱国精神

在长汀的第三项实践安排是了解与学习瞿秋白烈士的不朽精神、杨成武将军的英勇事迹以及福建苏维埃政府的历史。

瞿秋白烈士纪念碑

瞿秋白是中国共产党早期主要领导人之一，伟大的马克思主义者，卓越的无产阶级革命家、理论家和宣传家，中国革命文学事业的重要奠基者之一。杨成武是中国共产党的优秀党员，共产主义战士，无产阶级革命家、军事家。

杨成武将军出生于 1914 年，于 1930 年加入了中国共产党，之所以将他的雕像和纪念馆建于长汀，是因为这里是生养他的故乡，这里有他和家人的回忆，还有与父老乡亲们血浓于水的过去。

杨成武将军塑像

同学们认真听讲解

　　长汀实践的最后一站，我们来到了福建省苏维埃政府——汀州试院，这里是全国保存最为完好的省级苏维埃政府旧址。汀州试院在历朝历代都得到人们的重视，多次修葺，虽历经千年风雨，至今仍保存完好。

福建省苏维埃政府旧址

福建省苏维埃旧址礼堂

廊柱上的标语

五、提升责任感、培养时代青年

思政课程实践周还有社会服务项目。利用周末时间，同学们与城市综合执法大队的工作人员们一起走上街头，参与市容管理和市场秩序的维护，通过这个活动提升学生的责任意识和担当意识，为永安市创建全国文明城市贡献一份力量。

参加志愿服务

六、交流汇报——思想碰撞，勇担时代重任

参加思政实践周的全体同学在教师的指导下，分组进行实践周交流汇报，分享四天的行程和感悟，每位同学也上台分享了自身的体会。表示会铭记红色历史，珍惜当前来之不易的幸福生活，勇于承担时代赋予当代青年的重任，为社会主义现代化建设不懈奋斗。

学校积极引导学生从学、思、行三个方面开展生涯探索，不断提升就业竞争力。学生在参加就业实践之后表示，希望在实现中国梦的伟大征程中找到属于自己的路，为祖国的建设以及社会的发展贡献自己的力量。实践教育使学生进一步了解自己、认识职业世界，主动思考、主动探索。

【案例分析】

红色文化代代流传，革命精神生生不息

沈同学（电力 1731 班）：

红军精神是历史的，又是现实的。其可贵就在于，它能够在漫长的时间积淀中转化为对现实的启示，体现了党之魂、军之魂和民族之魂。红军精神之所以历久弥新，就在于它不是静止的。它承接着井冈山精神，又不断形成了延安精神、西柏坡精神，中国特色社会主义建设事业中的"两弹一星"精神、载人航天精神，更为它注入了新的时代血液，增加了新的丰富内涵。

我们作为新时代的电力人，不仅要有革命质朴无华的风格、务实避虚的精神、反本溯源的气质的精神，还要有谷文昌奋发有为、顽强拼搏、干事创业的精神。

江同学（水利 1731）班：

我们要始终牢记在旧时代，有一批批红军在硝烟弥漫的岁月里，以他们的生命和鲜血，谱写了一曲曲胜利的凯歌，为中国人民解放事业立下了不朽功绩。红军精神、长征精神，成为了我们中华民族一笔巨大的精神财富，激励着一代又一代的后人。

步入新时代的我们，最急需的正是这种精神。有了这样的精神，我们才能从容地藐视困难、顽强地面对困难、乐观地克服困难。有了这样的精神，我们才能以蓬勃向上的风貌，激发创新能力，燃烧向上的激情，焕发无坚不摧的力量。这样的精神是我们成功的动力，是我们人生走向辉煌的基石。

丁同学（供用电 1733 班）：

这次思政实践课即将圆满结束，我也从中学到了很多知识，感触颇多，受益匪浅，从红军建立"苏维埃政权"到红军战略转移红军路的开始，我得知我们当今的幸福生活来之不易；通过认识长征之地，让我懂得长征精神，可以使我更发奋图强地学习；通过参观，让我感受到了人民英雄的伟大。在今后的学习及工作中，我将学习红军精神和长征精神，创造出更加美好的未来。

张同学（继保 1731 班）：

总的来说，这次的思政实践之旅，让我感受到了红色文化的源远流长，也让我感受到我们老一辈革命人愿用生命为国家和民族的未来而谋的献身精神。我会努力汲取这几天思政实践的所得所想，让自己的思想变得更加充实，体会先辈们用他们的血肉之躯才换来的和平。我们这一代人更加要不忘初心、牢记使命，为中华民族的伟大复兴作出自己的贡献，为中国梦奋斗。同样，我也深刻地领会了校训"精求技能，崇尚文明"和系训"踏八闽之山水，将青春奉献与电力事业"的精神。

点评：通过现场教学，帮助学生了解革命历史；通过体验式教学，帮助学生重温历史，通过志愿服务，帮助学生实现从理论到实践的转化；通过交流汇报，在思想碰撞的火花中，实现自我提升，夯实理想信念之基，争做新时代有理想有本领有担当的新人。

任务实施

步骤一：走进红色基地，传承红色文化。

通过思政实践活动，学生们重温了革命历史、瞻仰了革命先烈的伟绩，全身心地融入到了红色文化中。充分领悟学习到了长征精神的真谛。让学生在现场体验中更好地领会中国精神、爱国主义；通过榜样的作用让学生学会敬业、奉献等良好的职业道德品质；提高学生的社会服务能力以及动手能力。

步骤二：重走长征路，领悟红色文化。

通过重走红军路，锻炼了意志，再次坚定共产主义的理想信念，提升了政治素养；通过与学生一周的相处，拉近了师生间的距离，对学生的学习习惯、兴趣爱好有了进一步了解，有助于在未来的教学中创新教育教学方式，培养学生的学习兴趣、学习动力。

实战演练

1. 参观长汀思政教育实践点，领会中国精神。
2. 重走长征路，掌握长征精神。

思考训练

如何通过榜样的作用学会敬业、奉献等良好的职业道德品质？

项目八　自我"保护"

项目描述

掌 握 就 业 权 益

在严峻的就业环境下，很多高校毕业生为了能够找到一份工作，往往忽视对自身权益的保护。企业通常也会利用毕业生急于就业的心态提出许多不合理要求，直接或间接侵害毕业生的权益。清楚了解自己在就业过程中享有的一系列权益、如何更好地在求职过程中维护好自己权益是实现顺利就业的重要保障。

任务目标

能力目标：培养学生结合自身的实际，科学、合理地规划自己的职业生涯，并在自己的岗位上辛勤劳动的能力。

知识目标：了解劳动的含义和意义；理解就业的意义，熟记劳动者的权利与义务。

素质目标：认同劳动和就业的重要价值和意义，树立正确的就业观。

任务描述

在求职择业过程中，毕业生往往将注意力都集中在收集材料、寻找单位、准备面试等方面，而忽视了与就业密切相关的就业制度、法律法规，没有正确行使自己的权利、履行应尽的义务。外面的世界五光十色，既充满诱惑又危机四伏，作为一名刚刚毕业的大学生，只有具备足够的法律意识与法律知识，才能保护好自己的权益。因此，在校大学生既要学习自己将来在就业与择业中的权利和义务，又要知道可以通过哪些途径来保护自己的权益。这样才能在自身合法权益得不到保障，甚至受到侵犯时，知道如何采取正当渠道和方式来依法维护自身的合法权益。

知识准备

一、毕业生就业的权利和义务

虽然高校毕业生就业制度改革逐步走向市场化、法治化，但在毕业生择业过程中仍然存在信息独占、不公平录用等侵犯毕业生权利的情况。毕业生在其整个择业过程中应注意增强法律意识，自觉遵守市场规则，并运用法律武器保护自己的合法权益。

（一）毕业生就业的权利

毕业生在就业过程中享有以下权利。

1. 接受就业指导权

《普通高等学校毕业生就业工作暂行规定》中明确指出，"开展毕业教育和就业指导工作是学校的主要职责之一"。由此看来，接受就业指导权是毕业生享有的基本权利之一。

学校应设立专门的就业指导机构、安排专业人士向毕业生宣传国家关于毕业生就业的有关政策，对毕业生进行择业技巧的指导，引导毕业生根据国家、社会需要，并结合自身的特点，选择能发挥自己才能的职业，使毕业生通过接受就业指导合理择业，以实现其人生价值。

2. 平等就业权

《就业服务与就业管理规定》第四条规定："劳动者依法享有平等就业的权利。劳动者就业，不因民族、种族、性别、宗教信仰等不同而受歧视。"这一权利也受到《中华人民共和国宪法》和《中华人民共和国劳动合同法》（简称《劳动合同法》）的保护。也就是说，任何公民的就业权利和资格不应因民族、种族、性别、宗教信仰等不同而受到限制。

劳动者在就业的过程中男女平等，除国家规定的不适合妇女的工种或岗位外，用人单位不得以性别为由拒绝录用女性或者提高对女性的录用标准。但在实际生活中，就业平等权实施起来却存在很大困难，社会上存在各种各样的就业歧视现象，如性别歧视、身高歧视、年龄歧视、户籍歧视、"乙肝病毒携带者"歧视、民族与种族歧视、学历与经验歧视、经历背景歧视、婚姻状况歧视等。

3. 获取信息权

毕业生有权了解用人单位的基本情况、工作内容和劳动报酬等信息，《劳动合同法》对此作了明确规定："用人单位招用劳动者时，应当如实告知劳动者工作内容工作条件、工作地点、职业危害、安全生产状况、劳动报酬以及劳动者要求了解的其他情况。

4. 被推荐权

被推荐权是毕业生应享有的权利，学校的推荐往往在很大程度上影响用人单位对毕业生的取舍。《普通高等学校毕业生就业工作暂行规定》中已明确指出，"负责毕业生的推荐工作是学校的主要职责之一"。学校应该在公开、公正的基础上，如实地介绍毕业生的实际情况，做好推荐工作，具体包括以下几个方面。

（1）如实推荐，即学校在对毕业生进行推荐时，应实事求是，根据毕业生本人的实际情况向用人单位进行推荐、介绍，不能故意贬低或者捧高毕业生的在校表现。

（2）公正推荐，即学校对毕业生进行推荐时应做到公平、公正，应该给予每一位毕业生推荐就业的机会，不能厚此薄彼。

（3）择优推荐，即学校根据毕业生在校的表现，在公平、公开的基础上，择优推荐，用人单位在录用毕业生时也应该坚持择优录取。这样才能确保人尽其才，进而也能调动广大毕业生和在校生学习的积极性。

5. 自主择业权

《就业服务与就业管理规定》第六条规定。"劳动者依法享有自主择业的权利。劳动者年满 16 周岁，有劳动能力且有就业愿望的，可凭本人身份证件，通过公共就业服务机构、职业中介机构介绍或直接联系用人单位等渠道求职。"也就是说，毕业生在毕业的过程中具有自主性，任何单位与个人不得干涉或强迫毕业生选择某个单位或者某类单位。这项权利行使起来相对比较容易，绝大部分毕业生都可以行使，但是也有个别毕业生因家庭原因或者其他原因而不能依照自己的意愿选择自己喜欢的职业。

6. 违约求偿权

毕业生、用人单位、学校三方签订协议后，任何一方不得擅自毁约。如用人单位无故要求解约，毕业生有权要求对方严格执行就业协议，否则用人单位应对毕业生承担违约责任，支付违约金。

7. 解除协议权

履行协议后，毕业生的权益或人身自由、人身安全受到用人单位严重侵害时，毕业生有权主动提出解除协议。

8. 申诉权

用人单位与劳动者发生劳动争议时，当事人可以依法申请调解、仲裁提起诉讼，也可以协商解决。劳动争议发生后，当事人可以向本单位劳动争议调解委员会申请调解；调解不成，当事人一方要求仲裁的，可以向劳动争议仲裁委员会申请仲裁；劳动争议当事人对仲裁裁决不服的，可以自收到仲裁裁决书之日起 15 日内向人民法院提起诉讼，一方当事人在法定期限内不起诉又不履行仲裁裁决的，另一方当事人可以申请人民法院强制执行。

（二）毕业生的义务

我国劳动者的劳动权利和劳动义务是平等一致的。劳动者平等地享受《劳动合同法》规定的权利，同时平等地承担《劳动合同法》规定的义务。毕业生在就业过程中应当树立责、权、利统一的思想，形成权利义务一致的观念。毕业生在就业阶段应该履行以下几项义务。

1. 回报国家、社会，服从国家需要

按照"得之于社会、还之于社会、报之于社会"的原则，毕业生理应积极地、有责任地以自己的职业行为，回报国家、社会和家庭，承担起自己应尽的义务。在择业过程中，当个人的兴趣、爱好、特长与国家的需要发生矛盾时，应该从国家的需要出发，自觉服从和服务于国家的需要，到祖国最需要的地方去。

2. 如实向用人单位介绍自己情况

毕业生在求职择业过程中，有义务向用人单位如实介绍自己的情况，以利于用人单位挑选，不能夸大其词、弄虚作假。这是诚信做人的基本要求，也是自己应尽的义务。

【案例故事】

诚 实 价 更 高

某财务会计专业毕业生小李从一入学就写了入党申请书，并被系党支部列为发展对象，但是还没有被发展为党员。小李自己觉得在毕业前肯定会入党，于是为了增加应聘筹码，他便在自荐信中说自己已经是预备党员。在一次人才招聘会上，一家民营企业对小李很感兴趣，并通知他到公司面试。小李的专业能力非常强，顺利通过了面试。但当单位向小李所在学校进行调查核实时，发现他其实还未被发展为预备党员，便取消了小李的录用资格。问及不录用小李的原因时，财务经理的一番话颇让我们深思："其实我们并不一定非要聘用党员从事财务工作，但是从事财务工作的人一定要讲诚信，这是财务人员最基本的职业素质。"每一行业都有其特有的行业要求，但是所有行业都有一个共同的要求，那就是"诚信"。小李的应聘经历再次说明了在求职中如实地介绍自己情况的重要性。"诚实、守信"是所有行业共同的职业道德要求，也是对我们每一个人的最基本要求。

3. 按时到工作单位报到

《普通高等学校毕业生就业工作暂行规定》要求，毕业生办理完离校手续后，应按约定的时间持"报到证"到用人单位报到。自离校之日起，超过3个月不去就业单位报到且无正当理由的，由学校报主管毕业生就业部门批准，不再负责其就业。此外，毕业生在就业后，也有相应的义务，主要有以下几点：劳动者应当完成用人单位规定的劳动任务；应当遵守劳动纪律和职业道德，并履行法规法律规定的其他义务；应当自觉地接受训练；应当自觉严格执行劳动安全规程和规则。劳动者的权利和义务与用人单位的权利和义务也是对等的。劳动者在保护自己的合法权益时，用人单位的合法权益也需要得到尊重。

二、就业权益的法律保护

虽然毕业生在就业过程中享有上述权益，但在就业过程中往往会出现一些侵害毕业生权益的行为，毕业生应学会运用法律手段维护自身的合法权益。

1. 相关的法律政策

毕业生就业工作是一项政策性、时限性、操作性都比较强的工作。毕业生要学会依据国家有关就业法律、政策、规章来对自身的合法权益进行保护。与毕业生就业相关的法律、法规主要有《中华人民共和国高等教育法》《中华人民共和国劳动合同法》《普通高等学校毕业生就业工作暂行规定》《劳动保障监察条例》《中华人民共和国公务员法》等。

2. 与就业协议有关的维权途径

大学毕业生就业中存在的一个突出问题，就是在履行就业协议的过程中，毕业生与用人单位产生的纠纷。当就业过程中出现侵害毕业生权益的行为时，毕业生可通过以下途径对自身权益实施保护。

（1）双方当事人在自愿、平等的基础上协商解决纠纷。如果毕业生在履行就业协议书的过程中，与用人单位产生纠纷，可以通过协商的方式解决。

（2）依靠学校的保护。学校对毕业生权益的保护最为直接。学校通过制定各项措施对毕业生就业指导和推荐加以规范，当用人单位在录用毕业生过程中存在不公平、不公正地行为时，学校有权以拒绝签署就业协议等手段维护毕业生的就业权益。

（3）依靠行政、权力机关和新闻媒体力量保护自己的合法权益。当毕业生的合法权益受到侵害时，可以及时向当地行政部门（如劳动监察部门）投诉，也可以直接向主管用人单位的行政机关（如工商行政管理局）投诉或举报。经有关部门处理后，若其合法权益仍未得到保护，有权依法向各级人民政府和人大机关申诉。此外，毕业生权益受到侵害时，还可以向有关新闻媒体披露真实情况，借此获得社会舆论的监督、关注和支持。

3. 就业后的维权途径

《中华人民共和国劳动争议调解仲裁法》第四条规定，"发生劳动争议，劳动者可以与用人单位协商，也可以请工会或者第三方共同与用人单位协商，达成和解协议。"第五条规定："发生劳动争议，当事人不愿协商、协商不成或者达成和解协议后不履行的，可以向调解组织申请调解；不愿调解、调解不成或者达成调解协议后不履行的，可以向劳动争议仲裁委员会申请仲裁；对仲裁裁决不服的，除本法另有规定的外，可以向人民法院提起诉讼。"可见就业后的维权途径，即劳动纠纷处理途径主要有三种，即调解、仲裁、起诉。调解是指在查明事实、分清是非、明确责任的基础上，依照有关法律规定以及劳动合同的约定，推动用人单位和劳动者之间相互谅解、解决争议的方式。当调解不成，一方当事人要求仲裁的，可以向劳动争议仲裁委员会申请仲裁，也可以不经调解直接向劳动争议仲裁委员会申请仲裁。诉讼程序是处理劳动争议的最后一道程序。对仲裁裁决不服的，可自收到仲裁裁决书之日起 15 日内向人民法院提起诉讼。

三、社会保险与住房公积金

（一）社会保险

社会保险是国家通过立法的形式，由社会集中建立基金，以使劳动者在工伤失业、生育等丧失劳动能力的情况下能够获得国家和社会补偿和帮助的一种社会保障制度。它包括养老保险、医疗保险、失业保险，工伤保险和生育保险。其中养老保险、医疗保险和失业保险这三种保险是由企业和个人共同缴纳保费；工伤保险和生育保险完全由企业承担，个人不需要缴纳。需要强调的是，社会保险是法定的，用人单位给劳动者上保险是一个法定的义务。《中华人民共和国社会保险法》第八十四条规定："用人单位不办理社会保险登记的，由社会保险行政部门责令限期改正；逾期不改正的，对用人单位处应缴社会保险费数额一倍以上三倍以下的罚款，对其直接负责的主管人员和其他直接责任人员处五百元以上三千元以下的罚款。"

1. 养老保险

养老保险（养老保险制度）是国家和社会根据一定的法律和法规，为保障劳动者在达到国家规定的解除劳动义务的劳动年龄界限，或因年老丧失劳动能力退出劳动岗位后的基本生活而建立的一种社会保险制度。这一概念主要包含三层含义：

（1）养老保险是在法定范围内的老年人完全或基本退出社会劳动生活后才自动发生的。

（2）养老保险的目的是保障老年人的基本生活需求，为其提供稳定可靠的生活来源。

（3）养老保险是以社会保险为手段来达到保障的目的。养老保险是世界各国较普遍实行的一种社会保障制度。

一般具有以下几个特点：①由国家立法，强制实行，企业单位和个人都必须参加，符合养老条件的人，可向社会保险部门领取养老金；②养老保险的费用一般由国家、单位和个人三方或单位和个人双方共同负担，并实现广泛的社会互济。

2. 医疗保险

医疗保险是为补偿疾病所带来的医疗费用的一种保险。医疗保险同其他类型的保护一样，也是以合同的方式预先向受疾病威胁的人收取医疗保险费，建立医疗保险基金；当被保险人患病并去医疗机构就诊而产生医疗费用后，由医疗保险机构给予一定的经济补偿。因此，医疗保险也具有保险的两大功能，即风险转移和补偿转移，用集中起来的医疗保险基金来补偿由疾病所带来的经济损失。

3. 失业保险

失业保险则是指为保证失去工作的职工在失业期间获得一定的收入补偿而建立的社会保险制度。根据国际惯例和我国的基本国情，我国的失业保险是由国家法律规定的，使失业人员在失业期间获得必要的经济帮助，保证其基本生活，并通过专业训练、职业介绍等手段为其重新就业创造条件的一种社会保险制度。我国失业保险基金的来源主要有四种，即企业缴纳的失业保险费、失业保险费的利息收入、财政补贴和职工个人缴费。此外，失业保险基金的来源还有对失业保险基金进行增收入、运用生产自救费开展生产自救活动所获得的纯收入以及对未按规定缴纳失业保险费的单位进行处罚的滞纳金收入等。

4. 工伤保险

工伤保险是指国家和社会为在生产、工作中遭受事故伤害和患职业性疾病的劳动者及亲属提供医疗救治、生活保障、经济补偿、医疗和职业康复等物质帮助的一种社会保障制度。

5. 生育保险

生育保险是通过国家立法规定，在劳动者因生育子女而导致劳动力暂时中断时，由国家和社会及时给予物质帮助的一项社会保险制度。我国生育保险待遇主要包括两项：一是生育津贴，用于保障女职工产假期间的基本生活需要；二是生育医疗待遇，用于保障女职工怀孕、分娩期间以及职工实施节育手术时的基本医疗保健需要。

（二）住房公积金

住房公积金即通常所说"五险一金"中的"一金"，指国家机关、国有企业、城镇集体企业、外商投资企业、城镇私营企业及其他城镇企业、事业单位为其在职职工缴存的长期住房储金。住房公积金由两部分组成，一部分由职工所在单位缴存，另一部分由职工个人缴存。职工个人缴存部分由单位代扣后，连同单位缴存部分一并缴存到住房公积金个人账户内。职工和单位住房公积金的缴存比例均不得低于职工上一年度月平均工资的 5%，但不同的城市缴存比例有所不同。住房公积金的提取及使用要遵从一定的章程，有以下情形之一的可以提取职工住房公积金账户内的存储余额：①购买、建造、翻建、大修自住住房的；②离休、退休的；③完全民丧失劳动能力，并与单位终止劳动关系的；④出境定居的；⑤偿还购房贷款本息的；⑥房租超出家庭工资收入的规定比例的。依照前面第②③④项规定提取职工住房公积金的，应当同时注销职工住房公积金账户。

四、签署就业文书

就业协议与劳动合同都是用人单位录用毕业生时所订立的书面协议，但两者处于两个相互联系的不同阶段。就业协议明确了毕业生、用人单位、学校在毕业生就业工作中的权利与义务，是毕业生与用人单位确定劳动关系的依据。毕业生到用人单位报到后，双方将产生由《劳动合同法》所调整的劳动关系，这种劳动关系体现为毕业生与用人单位签订的劳动合同。

（一）就业协议

就业协议是明确毕业生、用人单位和学校在毕业生就业工作中权利和义务的书面协议，一般由国家教育部或各省（自治区、直辖市）的就业主管部门统一制表。目前普遍采用的就业协议是教育部统一制定的"全国普通高等学校毕业生就业协议书"。根据国家规定，毕业生、用人单位、学校三方必须签订"就业协议书"。就业协议书俗称三方协议，经毕业生（甲方）、用人单位（乙方）、学校（丙方）三方签署后生效。

1. 就业协议的内容

就业协议书由规定条款及协议表格两部分构成，其中需要毕业生特别注意的条款主要有以下几条。

（1）毕业生按照国家法规就业，向用人单位如实介绍自己的情况，了解用人单位的信息，表明自己的就业意愿，在规定的时间内到用人单位报到。若遇到特殊情况不能按时报到，需征得用人单位同意。

（2）用人单位要如实介绍本单位的情况，明确对毕业生的要求及聘用意图，做好各项接收工作。凡取得毕业资格的毕业生，用人单位不得以学习成绩为由违约，未取得毕业资格的结业生，本协议无效。

（3）毕业生、用人单位、学校三方如有其他约定，应在备注中注明，并视为协议书的一部分。

（4）本协议经各方签字、盖章后生效。

（5）毕业生情况及意见。这部分内容由毕业生本人填写，特别需要注意的是毕业生应聘意见这一栏。大多数毕业生在签协议时往往会忽视这一内容，只简单填写上"同意"二字。实际上，这一栏相当重要，特别是对先与用人单位主管部门签订就业协议，而具体工作安排要等报到后才落实的毕业生来说。如师范专业的毕业生与某县的教育局签订了就业协议，但具体到该县的哪个学校任教需要等报到后才落实，而双方洽谈时，用人单位表明会安排在该县县城内的中学任教，此时毕业生在填写应聘意见栏中就应该写明"本人同意到某县县城内的中学任教"字样。如果只简单填写上"同意"二字，日后被安排到该县的某个农村小学任教也是很正常的，因为即使这样用人单位也并没有违反协议。

（6）用人单位情况及意见。这部分内容由用人单位填写，但有两点毕业生一定要特别注意：一是档案转寄地址一定要详细；二是用人单位意见栏包括两部分，即用人单位意见和用人单位上级主管部门意见。由于一些用人单位没有独立的人事权，毕业生录用还必须通过其上级部门审核同意，因此在签协议时，毕业生一定要注意用人单位上级主管部门的盖章。

（7）学校意见。这一栏由学校填写。学校意见分为院系意见和学校毕业生就业部门意见。院系意见主要审核毕业生资格，如是否如期毕业、是否符合用人单位录用条件等；学校毕业生就业部门意见是实质性的审核，表明学校对毕业生与用人单位所签订的就业协议的态度，同意或不同意一定要有明确的态度。

（8）备注。备注是为毕业生、用人单位和学校三方共同约定的其他条款所设计的，其内容视为协议的一部分，也具有法律意义。三方在签订就业协议书时，如有一些其他的事项或特殊的约定，应当在就业协议书的备注栏中写明，如薪资标准、保险待遇、住房安排、违约责任、试用期等。毕业生应该好好利用备注栏，更好地争取和保障自己的权益，在与用人单位就某一条协议达成一致意见的情况下，可将该条协议写入备注栏，其内容可为"如本人出国留学，该协议终止"、"公司愿意为本人承诺怎样的住房待遇"以及"本人的试用期是多长时间"等。

2. 签订就业协议书的程序

为了保障毕业生和用人单位的合法权益，国家和各省（自治区、直辖市）教育主管部门都制定了签订就业协议的相关程序，应当严格按照以下程序签订就业协议。

（1）学校向毕业生发放就业协议书，就业协议书一式三份。

（2）毕业生和用人单位在供需见面、双向选择的基础上确定用人意向，并在双方在场的情况下填写协议内容，明确就业的具体工作部门或岗位，明确工作条件和生活条件，然后双方在就业协议上签字盖章。

（3）无人事权的单位，除了用人单位需在协议书上签字盖章，还必须加盖用人单位上级主管部门的公章，以示同意录用。

（4）毕业生所在院（系）和学校毕业生就业部门审核就业协议，并签字盖章，留存一份。

【案例故事】

就业协议的签订程序很重要

毕业生小田不愿在用人单位与学校间来回奔波，便一再要求学院就业指导中心老师生在他的空白就业协议书上盖章，老师提醒他如果学院事先签字盖章可能会对他产生不利影响，但是小田充耳不闻，还是再三要求老师先盖章，老师经不起小田的软磨硬泡，便在他写下责任承担书的情况下给他加盖了学院公章。结果用人单位拿到盖了章的协议书后，告诉小田公司总经理外出，单位公章拿不到，要他第二天来拿就业协议书。第二天小田一拿到协议书便傻眼了，公司曾许诺的待遇全部没有，还规定了5年内不得提出离职要求，10年内不能离开公司，工资也降了下来，违约金由800元变成了8000元！小田的遭遇告诉我们，按程序签订就业协议是对我们自己权益的一种保护。

3. 签订就业协议应注意的问题

（1）了解国家有关就业政策。高校毕业生就业政策和规定是指导和规范毕业生顺利就业的政策依据。目前较为系统的就业法规是教育部颁布的《普通高校毕业生就业工作暂行规定》，其内容具体详尽，操作性强，对毕业生的就业行为规范有一定的指导作用，毕业生在签订就业协议前应认真学习领会。

（2）认真审查用人单位的资格。签订就业协议的用人单位是否具有合法的主体资格是协议书是否具有法律效力的前提。用人单位不管是机关、事业单位还是企业，都必须具有录用毕业生的自主权。如果其本身不具备用人的自主权，则必须经其具有用人权力的上级主管部门批准。因此，毕业生在签订就业协议前，一定要先仔细了解用人单位的基本情况，审查用人单位的主体资格，这样才有利于作出正确的判断。

（3）认真审查协议书的内容。协议书的内容是整个协议书的关键部分，毕业生一定要认真审查。首先，审查协议内容是否合法，是否符合国家相关法律和政策；其次，审查双方权利和义务是否合理；最后，要审查清楚除主协议外是否有附件及补充协议，并审查清楚其内容。如果确有必要对协议书条款进行变更或增减，毕业生可以和用人单位协商，将原协议书中未能体现的具体权利和义务用补充协议的形式表达出来，在协议书的"备注"栏中加以确定，但涉及的内容一定要具体、明确，不会产生歧义；如无附加条款，应当将协议书中空白部分划去，或注明以下空白。必须指出，补充协议书中的备注和主协议书具有同等法律效力。

（4）备注栏中需注明的条款。备注栏中需要注明的条款一般有以下三类。

1）关于工资福利待遇、试用期、工作条件等。为了避免到就业单位签订劳动合同时发生争议，毕业生在就业过程中应与用人单位就服务期限、试用期、工作岗位、工作内容、劳动保护、工作条件、工作报酬和福利待遇等主要条款与用人单位协商，在就业协议书备注条款中予以注明，并约定就业时签订的劳动合同应包括这些内容，以保证毕业生就业前签订的就业协议与就业时签订的劳动合同相一致，不需要再为此类问题进行协商。

2）预先约定解除就业协议的条件。若毕业生专升本待录或者准备出国，在与用人单位签订就业协议时，一定要在备注中注明"毕业生专升本录取或者出国手续办理后，协议自行解除"之类的内容，这样就可避免承担违约责任。

【案例故事】

未预先约定解除就业协议的条件酿成损失

某高职毕业生与用人单位签约时，没有对自己专升本的问题进行约定，也没有向用人单位作说明。后来专升本录取名单公布，该毕业生被录取为某大学的本科生，该毕业生便与用人单位协商解除就业协议，而用人单位不同意。最后，该毕业生只得向用人单位交了 3000 元的违约金，以违约的方式来实现自己深造的愿望。

3）违约责任必须明确。违约责任是指协议当事人因过错不履行或不完全履行协议规定的义务而应承担的法律责任，它是保证协议履行的有效手段。在签订协议时，应详细表述当事人双方的违约情形及违约后应负的责任，同时还应写明当事人违约后通过何种方式、途径来承担责任。这样才能更有利于当事人双方履行协议，也有利于以后违约纠纷的解决。若用人单位违约，毕业生可获得一定的补偿；若毕业生违约，也可避免一些用人单位不允许违约或者漫天要价，从而使自己处于被动状态。

（二）劳动合同

劳动合同亦称劳动契约，是劳动者与用人单位（包括企业、事业单位、国家机关、社会团体、雇主）确立劳动关系、明确双方权利和义务的协议。根据《劳动合同法》等法律、法规订立的劳动合同受国家法律的保护，对订立合同的双方当事人产生约束力，是处理劳动争议的直接证据和依据。

1. 劳动合同的主体

劳动合同的主体即劳动法律关系当事人，具体指"劳动者"和"用人单位"。劳动合同的主体与其他合同关系的主体主要存在以下不同。

（1）劳动合同的主体是由法律规定的，具有特定性：一方是劳动者；一方是用人单位。劳动者和用人单位都要具备法律规定的劳动合同主体条件，才能签订劳动合同。不具有法定资格的公民与不具有用工权的组织和个人都不能签订劳动合同。

（2）劳动合同签订后，其主体之间具有行政隶属性，即劳动者必须依法服从用人单位的行政管理。

2. 劳动合同的内容

（1）法定条款。根据《劳动合同法》第十七条规定，劳动合同应当具备以下条款：

1）用人单位的名称、住所和法定代表人或者主要负责人。

2）劳动者的姓名、住址和居民身份证或者其他有效身份证件号码。

3）劳动合同期限。

4）工作内容和工作地点。

5）工作时间和休息休假。

6）劳动报酬。

7）社会保险。

8）劳动保护、劳动条件和职业危害防护。

9）法律、法规规定应当纳入劳动合同的其他事项。

（2）协商条款。协商条款是签订劳动合同时双方当事人经过协商约定而自行规定的其他条件，如试用期、培训、住房条件、补充保险和福利待遇等。

3. 劳动合同的订立原则和程序

（1）劳动合同的订立原则。订立劳动合同应当遵循合法、公平、平等自愿、协商一致、诚实信用的原则。依法订立的劳动合同具有约束力，用人单位与劳动者应当履行劳动合同约定的义务。

（2）劳动合同的订立程序。一般而言，劳动合同的订立程序如下所述。

1）劳动合同的双方当事人，一方是劳动者，一方是用人单位。

2）用人单位招用劳动者时，应当如实告知劳动者工作内容、工作条件、工作地点、职业危害、安全生产状况、劳动报酬，以及劳动者要求了解的其他情况；用人单位有权了解劳动者与劳动合同直接相关的基本情况，劳动者应当如实说明。用人单位招用劳动者，不得扣押劳动者的居民身份证和其他证件，不得要求劳动者提供担保或者以其他名义向劳动者收取费用。

3）用人单位自用工之日起即与劳动者建立劳动关系。用人单位应当建立职工名册备查，建立劳动关系，应当订立书面劳动合同。已建立劳动关系，未同时订立书面劳动合同的，应当自用工之日起一个月内订立书面劳动合同。用人单位与劳动者在用工前订立劳动合同的，劳动关系自用工之日起建立。

4）劳动合同由用人单位与劳动者协商一致，并经用人单位与劳动者在劳动合同文本上签字或者盖章生效。劳动合同文本由用人单位和劳动者各执一份。

5）劳动合同分为固定期限劳动合同、无固定期限劳动合同和以完成一定工作任务为期限的劳动合同。用人单位自用工之日起满一年不与劳动者订立书面劳动合同的，视为用人单位与劳动者已订立无固定期限劳动合同。

4. 签订劳动合同的注意事项

（1）了解用人单位的情况，防止签订无效。毕业生应详细了解用人单位是否具有法人资格，从事的工作是否合法，是否有能力兑现合同的约定，以防止签订无效合同而蒙受损失。同时毕业生也应该详细地直接询问用人单位的其他情况。如用人单位的发展前景，用人单位给员工的福利待遇以及提供的培训机会等，以确定该用人单位确实有利于求职者的发展。

（2）应签订书面合同，口头合同不可取。建立劳动关系应当订立书面劳动合同，毕业生切不可因求职心切相信关于工资水平、福利待遇等事项的口头许诺，这些口头许诺是靠不住的。一旦有争议，毕业生也难以真正维护自己的权益，口头许诺也会化为泡影。

（3）详细阅读合同条款，识别并拒绝霸王条款。劳动合同牵涉就业者的切身利益，在订立合同时，就业者应仔细阅读合同条款，看合同条款是否符合国家的相关法律和政策、合同签订双方的权利和义务是否合理、是否存在霸王条款等，就业者对违规条款应予以拒绝。

（4）收取押金或者证件是违法的。一些用人单位在签订合同前擅自向劳动者索要押金或者扣押劳动者的诸如身份证、毕业证等重要证件，毕业生在签订合同时应对此类行为予以警惕。押金是不可以交的；证件可以让用人单位看，但是绝不可以让用人单位将原件带走。

（5）试用期的长度。目前多数企事业单位签订的合同为 3 年期限，依照规定，试用期最长不可以超过 6 个月。毕业生在签订合同时应对有关试用期长度的规定有清醒的认识，以更好地保障个人利益。

（6）待遇条款要明确。签订合同时，工资水平、工作条件、职务、保险等有关自己利益的待遇条款要明确，切不可含糊。如合同规定用人单位提供保险，但未指明是哪几类保险，这样就属于模糊条款，按其规定，仅仅提供一类保险也算是符合合同，所以劳动者在签订协议时应对此类条款予以明确。

（7）注意就业协议和劳动合同的衔接。就业协议是毕业生和用人单位达成意向后签订的协议，当毕业生到用人单位报到并建立正式劳动关系时，应当签订劳动合同。劳动合同签订后，就业协议自动失效，因此，毕业生在签订劳动合同时，要注意使劳动合同与就业协议保持一致，尤其要把就业协议里的约定在劳动合同里表达明确，防止协议中的条款因未写入劳动合同而无法得到法律保障。

（三）劳动合同与就业协议的区别

就业协议和劳动合同都是毕业生就业时与用人单位签订的书面协议，都具有法律效力，但这两者属就业过程中的两个不同阶段，有着不同的主体、签订时间、时效性、内容及适用法律。

1. 主体不同

就业协议也称"三方协议"，是毕业生与用人单位达成就业意向时签订的协议，协议明确了毕业生、用人单位和学校在毕业生就业工作中的权利和义务。签订者是毕业生、用人单位和学校三方。缺少任何一方，协议均无效。学校在毕业生与用人单位之间起着指导推荐、就业监督和就业指导的作用。劳动合同是毕业生与用人单位确定劳动关系时签订的书面协议，与就业协议不同，劳动合同签订时只有毕业生和用人单位，学校并不在其中。

2. 签订时间不同

就业协议签订在先，劳动合同签订在后。毕业生与用人单位达成就业意向时签订就业协议，通常发生在毕业前；到用人单位报到并建立劳动关系时签订劳动合同。

3. 时效性不同

就业协议的效力始于签订之日，终止于毕业生与用人单位签订劳动合同之时，也就是说，劳动合同一旦签订，先前签订的就业协议就不再具有法律效力了，一切以劳动合同为准。就业协议中的约定只有在写入劳动合同之后才继续有效，这一点毕业生应特别注意。劳动合同的有效期，是劳动者与用人单位以合同方式确定的，除法律规定的情形外，双方不得随意变更、终止。

4. 内容不同

就业协议的内容主要包括毕业生情况及意见、用人单位情况及意见、学校意见、备注四个部分；毕业生如实介绍自己的情况，并表示愿意到用人单位工作；用人单位如实介绍单位的情况，并表示愿意接收该毕业生；学校同意派遣；备注栏中可补充一些其他约定。劳动合同的内容则更加翔实，合同包括必备条款和其他协商条款，双方还可以就法定条款及试用期、培训、保守秘密、补充保险和福利待遇等其他事项进行约定。

5. 适用法律不同

就业协议双方发生争议时一般不会提升到法律的高度，主要根据协议本身内容、现有就业政策和法律对合同的一般规定来解决。劳动合同依据的是《劳动合同法》等法规，受《劳动合同法》的约束。

【课堂讨论】

既然毕业后就业时会签订劳动合同，那么是不是就不用签就业协议书了呢？毕业生签订就业协议书到底有什么用途？签订就业协议书能帮助毕业生解决什么问题？

实战演练

一、情景分析

高职毕业生董元在一次学校举办的招聘会，与民营企业达成了意向协议，该企业工作待遇和环境都很不错，董元很满意，同时该企业也很欣赏董元的能力。招聘会后，董元很快与该企业签订了正式的就业协议书。但董元报到后，企业却迟迟没有与董元签订劳动合同，董元委婉地提出要签劳动合同的意见后，人事部经理却告诉她，有了就业协议书，就不用签订劳动合同了。董元很奇怪，难道就业协议可以取代劳动合同吗？看到此番情景，请思考并解决如下问题：

(1) 人事部经理的回答对吗？就业协议能代替劳动合同吗？为什么？

(2) 讨论签订就业协议和劳动合同时应分别注意哪些问题。

二、案例讨论

欧阳文兵是一个口才不错的男孩，常常因为口才好而受到别人夸奖。但是，再好的口才，在白纸黑字面前也会"哑口无言"。欧阳文兵找工作的过程就像是做游戏，学装饰设计的他没有去人才市场，而是直接骑车在自己喜欢的路段上找家装公司，直接上门求职。在经过四家公司的入门咨询与谈判后，欧阳文兵签了约，合同上说试用期一个月，试用期内工资 1500 元，转正后工资提到 1900 元。因为老板亲自面试，在签署合同时老板还强调等欧阳文兵转正之后每天会另加 10 元的餐补和 10 元的车补；如果工作满两年，还可以考虑解决电话费等问题。老板还说，欧阳文兵结婚时公司可以考虑以五折优惠为他装饰新房。老板的话让欧阳文兵感觉美滋滋的。可是，试用期结束后，欧阳文兵并没有在自己的工资单里看到餐补、车补的内容，于是，他就去询问公司的人事部经理。人事部经理说，公司合同中并没有此类内容，欧阳文兵马上告诉人事部经理这是老板亲口说的，人事部经理像看怪物一样看着欧阳文兵。后来欧阳文兵才知道，他们老板的遗忘速度要比说话速度快，这几乎是各个企业老板在招揽人才时的通病。回忆起签约时自己曾经问过老板这些内容在合同里如果没有的话公司会不会否认，老板说这么大的公司不会在乎这几个钱。而现在，对于人事部经理的解释，欧阳文兵真不知道该如何是好。

讨论问题

你认为欧阳文兵的问题出在哪里？如果是你，你将如何处理这件事？

思考训练

在求职就业过程中，大学生应当怎样维护自己的合法权益？

项目九　我想当"老板"

项目描述

了 解 创 新 创 业 知 识

大学生是最具创新创业潜力的群体之一，作为社会向前发展的原动力，必须与知识经济时代发展要求相适应。未来社会迫切需要的是具有创新创业能力的人才。高素质人才应具有独立生存的自信心、不断创新的进取心、广泛关怀的责任心；具有对环境的适应能力、对文化的整合能力、为理想而奋斗的实践能力。大学生应该通过坚持知识能力素质的辩证统一，突出创新能力的培养，努力提高实践能力，加强心理素质的锻炼，促进独立创业思想的培养。本项目对大学生进行创业教育，能够使其深刻理解创业本质，树立正确的就业观和创业意识，提升创业成功率以实现创业理想。

任务目标

能力目标：掌握开展创业活动所需要的基本知识；认知创业的基本内涵和创业活动的特殊性，辩证地认识和分析创业者、创业计划、创业资源、创业计划和创业项目。

知识目标：具备必要的创业能力；掌握创业资源整合与创业计划撰写的方法。

素质目标：使学生树立科学的创业观。主动适应国家经济社会发展和人的全面发展需求，正确理解创业与职业生涯发展的关系，自觉遵循创业规律，积极投身创业实践。

任务描述

创新创业课程的安排是集理论性、政策性、科学性和实践性于一体的课程体系，课程安排遵循教学规律，坚持理论讲授与案例分析相结合、小组讨论与角色体验相结合、经验传授与创业实践相结合，把知识传授和实践体验有机统一。

知识准备

一、选择适合大学生的创业项目

大学生作为一个独立的市场主体参与激烈的商业竞争，有自己的优势，但也有不足之处。因此，大学生创业要做到知己、知彼、知市场，量力而行。首先，如同就业一样，大学生创业也要结合自己的兴趣和专业，选择适合的创业项目；其次，要紧贴市场需要，在"新、奇、特"上下工夫；要量力而行，在创业初期可先选择一些门槛较低的项目，挖到"第一桶金"，增加了资本、积累了经验之后，再做其他项目也不迟。现在网络购物不仅成为一种潮流，而且为年轻人提供了一个不错的创业机会。小林与小本就是网上开店的受益者，他们是一对大学生情侣，没有任何创业经验。由于网上开店没有太大的费用负担，于是他们决定在××网上开店。小林与小本是一对幸运儿，开店后的第二天，就有了第一笔生意。由于有比较好的货源以及比较适合的主营项目，再加上他们不懈的努力，店铺经营了 9 个多月后成了钻石卖家。

虽然店铺生意越做越好，但小林与小本认为，作为大学生，最重要的还是学习。他们说："我们的路还很长，在××网上开店只是梦想的起点，感谢××网为我们提供了一个这么好的平台。作为有梦想的大学生，我们可以没有任何负担地在这里积累经验，为今后实现我们的理想打下基础。在××网开店这个过程中，我们体会到了创业的艰辛，也感受到了收获的幸福。"

哪些项目适合有创业意向的大学生呢？创业指导专家认为，大学生可以选择尝试以下项目。

（1）借助学校品牌的项目：各类教育与培训、成熟的技术转让、各种专业咨询等。

（2）具有优势的服务项目：家教服务、成人考试补习、会议礼仪服务、收售旧书、速记训练营、出租旅游用品等。

（3）可以独立运作的专业项目：图书制作前期工作、各类平面设计工作、各种专项代理业务等。

（4）对外合作的项目：婚礼化妆司仪、服装鞋帽设计、各类信息服务、主题假日学校等。

（5）小型多样的经营项目：手工制造、特色专柜、网络维护、体育用品等。另外，投入少、风险低的项目，非常适合初次创业人群。目前市场上的一些"小本经营"项目也可供大学生一展身手，如以下 8 种项目。

1）餐饮食品项目：奶茶店、社区小厨房等。

2）咨询服务项目：水电维修中心、信息服务中心等。

3）服装时尚项目：服饰鞋帽店等。

4）美容护养项目：花卉护理中心、美甲店等。

5）玩具投资项目：拼图小店、玩具租赁店等。

6）宠物经济项目：宠物生意等。

7）数码科技项目：自拍照相吧、老照片数码设计店等。

8）日化家居项目：眼镜店、日化用品专卖店等。

以上项目颇具创意，又有可操作性，很多项目都有过成功的实践，具有借鉴价值，大学生创业者可以学习体验或亲自尝试。

二、大学生创业成功方法与案例

大学生创业拥有极大的市场和潜力。尤其是近几年来，许多大学毕业生大胆开拓、敢于创新，开辟了丰富多样的创业方法和途径，创业成功者也大有增加。总的来看，近年来大学毕业生成功创业主要有以下几类。

1. 网上开店

网上开店是一种便捷、实惠的创业模式。只要登录网站、注册店铺、发布产品信息和图片，一家小店就可以开张了。网络销售不受时间、空间限制，消费者只要上网，就能看到商家出售的商品。网上店铺不需要像实体店那样装修，也不会产生太多费用，产品价格更便宜，利润也比较丰厚。因此，网上开店在许多高校大学生中日益流行起来，甚至成为部分大学毕业生的就业新选择。

目前大学生网上开店在各大城市蔚然成风，越来越多的大学生加入网上从商的大军，当起网络世界里虚拟店的老板，一边读书一边创业，有的将网上开店当作主要事业，有的则通过网上开店赚取第一桶金积累创业经验。据有关统计，目前有 50% 左右的大学生有网上开店的意向，而其中又以女大学生居多，经营的店铺主要出售服饰、护肤品、化妆品、数码产品等。但是，需要特别提醒大学生创业者：网上开店，诚信尤重。

【案例故事】

网络与实体店的有机结合

张小桃，女，某师范大学财务管理专业的学生，只用了不到一个月的时间，她创办的"期颐商务网"就已经在学院里流行开来。为了弥补网络虚无的不足，他们还开办了一家实体店，并取名"期颐之音"。经营的商品主要包括个性小家电、数码产品、公仔饰物等，还可以提供各类服务，包括光盘刻录、相片加工、制作相册等。另外，她们还可以为毕业生制作有个人风格的求职简历等。

2. 靠专业和技术走上创业之路

【案例故事】

侯某，北京某科技大学物理系研究生，在读书期间就意识到在繁荣的汽车时代，汽车蓄电池在我国有十分广阔的市场。大二的时候，侯某开始着手研究汽车蓄电池。无论是节假日还是课余时间，他都在宿舍里摆弄蓄电池。有同学开玩笑说："侯某一心要当老学究啦。"他没有理会这些声音，而是凭借对蓄电池研究的兴趣及对以后靠技术致富的渴望和信念，义无反顾地选择了这条艰苦的创业之路。

很快，侯某研究的节能汽车蓄电池顺利获得国家专利，并得到国内多家汽车蓄电池生产厂家青睐。侯某顺利地和北京的一个厂家签订了以科技专利入股的合约，成为一个大学生股东。

专业是大学生就业的关键竞争力，也是大学生创业的优势，尤其是一些大学生拥有专业发明，更容易走上创业道路。理工科专业和艺术类专业的大学生更应充分地意识到这一优势。

3. 校园内创业

大学校园里处处是商机，时时有人气。只要善于把握机会，发挥专长，立足身边熟悉的环境，从小事做起，一样可以创业有成。一般来说，大学周边商家云集，因为大学生是一个极大的消费群体，大学校园里时时处处潜藏着商机，这给大学生在校园内创业提供了良好机遇。大学生应注意培养自己的创业意识，提高经商敏感性，为成功创业奠定良好的基础。

【案例故事】

在校大学生走上创业之路

陈峰伟，某大学大二的学生，他个人投入和融资共300万元，在某市的大学城内建了一个50m²的IT大卖场，卖场主要由大学生自己投资、自己策划，甚至所有工作人员都是大学生。

从进入大学到现在，陈峰伟一直没有停止自己的创业之路。在新生军训时，学校只发了衣服，没有配鞋子，于是他立即从外面购进鞋子向新生推销。暑假里，陈峰伟先到太平洋建设集团实习，回到老家之后又做起了一些高校的招生代理。陈峰伟最早接触的销售，是在大学里向同学推销手机、平板电脑等IT产品。在个人推销产品的同时，他还在大学城的各个学校内发展代理。正是在推销的过程中，他发现了巨大的商机："该市的大学城有12万大学生，却没有一个专业销售数码、手机产品的卖场。而该地区手机、笔记本电脑和数码产品的年市场份额达3.6亿元，仅手机一天就产生300部需求。"陈峰伟称这一结论来自他组织的3次市场调研。此外，他还向大学生做了另一个问卷调查：如果我在大学城开一个大卖场，你会不会来这边买产品？70%的学生回答"不会"，他们会选苏宁、国美这样的大店，在问卷上选择到他店里去的仅占18%，但这18%也给了他很大的信心，3.6亿元市场总需求的18%就是6480万元。于是，陈峰伟决定开发这个大卖场。

三、创业失败的教训和主要原因

1. 创业失败的教训

失败的教训比成功的经验更有价值。俗话说"失败乃成功之母"。创业者应该善于从失败中吸取经验教训，总结经验，方能获得成功。

大学生自主创业是一项利国、利民、利己的事情。他们能勇敢冲破长期形成的就业观念的束缚，不等、不靠、不要，主动到社会上开创属于自己的事业和天地，这种勇气和精神是值得提倡的。但是，大学生也要清醒地认识到，创业是艰难的，发达国家每年都有上百万家新企业诞生，这些新企业能生存18个月的只有1/2，能生存10年的仅为1/5。

《2016年中国大学生就业报告》显示，毕业半年后自主创业的应届本科毕业生，在3年后有超过半数的人退出创业；2011届到2015届连续5届的大学生创业者都认为"缺少资金""缺乏企业管理经验""市场推广困难"是可能导致创业失败的3大风险。

2. 大学生创业失败的主要原因

一批又一批大学生创业之初意气风发、雄心勃勃，却出师未捷便折戟沉沙，留下难言的创伤和沉重的心理与债务负担。那么，是什么原因导致了这样的结果呢？为了了解大学生创业失败的原因，帮助大学生自主创业，下面对造成大学生创业失败的主要原因进行了归纳，大致有以下10种。

（1）缺乏经验和能力不足：当老板与给人打工是完全不同的，最大的区别就是老板需要决策。从零开始创办一个企业要求创业者必须是一个能干的多面手，没有一定的经验和能力很难办好企业。

(2) 缺乏产品营销策略：现在创业难的不是没有产品和服务，而是没有认识到谁来购买企业的产品和服务。在没有搞清楚谁会购买你的服务以及他们为什么会购买之前，就贸然推出新产品或服务，通常会招致失败。

(3) 对市场的规模估计过分乐观：认为自己的产品或服务不错，总会有人来购买；或认为别人开办企业能赚钱，自己也可以赚钱。这些想法是错误的。新创企业必须研究目标市场，了解企业的竞争对手，对市场的规模和前景作出实事求是的估计。

(4) 起步成本过高：新创企业必须坚持勤俭节约、精打细算，尽量压缩不必要的开支，努力降低成本，不要把宝贵的起步资金投在装修、购置固定设施、设置重叠机构上。非生产经营性的成本过高必然会削弱企业的竞争力。

(5) 选址不当：选择在何处营业或开店及其房屋租金的高低对企业来说都是非常重要的问题。选择店址既要考虑租金高低，又要考虑客流量的大小。如果没有顾客光顾，那么即使租金再低也没有意义。创业者应该在开业前认真进行市场调研，反复进行分析比较，确定合适的经营场所。

(6) 缺乏流动资金：有多种原因会使企业流动资金缺乏，经营困难。所以，在制订计划时对资金的需求要有正确的估计，在资金的分配上要留有充分的余地。

(7) 准备不充分：创办企业不是一件容易的事情，开业前必须完成大量的准备工作，比如进行市场调研、制订创业计划、选择场所、装修店面、添置设备、招聘人员等。不能低估起步阶段所需要的时间，一定要合理计划。在某种意义上，时间的准备比金钱的准备更重要。

(8) 挑选和管理雇员不当：人才是企业经营的关键。企业正常运作就是团队协作的结果，需要有科学的组织结构和管理安排。因此，挑选合适的雇员和管理人员十分重要。

(9) 不顾条件盲目扩张：有的创业者认为企业越大越好、发展越快越好，这种观念是错误的。发展需要一定的条件，不切实际地盲目扩张，只能是揠苗助长，欲速而不达。

(10) 急功近利：创业者必然希望尽快实现盈利，但是有些创业者致富心切，搞短期行为欺骗顾客，甚至生产、销售假冒伪劣产品，结果信誉尽失，自掘坟墓。

【案例故事】

仓促创业终致失败

李某早就想摆脱打工者的身份自己当老板，但是由于找不到好的投资项目，始终没有开始创业。一天，他在与一位亲戚的谈话中得知，当前生产塑料袋非常赚钱，而且那位亲戚经营塑料生意确实赚了很多钱。于是他抛开了创业应有的谨慎，没有作任何市场调查和前期准备，就投入了4万元资金，在当地办起了一家小型的塑料编织袋加工厂。

由于前期没有充分了解该行业，在创业之初，李某就犯了一个错误。李某仓促地选择了一个很小的场地作为加工厂，在后续生产中发现没有空余的场地堆放大量的原材料，导致厂里的生产经常停工。同时，李某在小场地上已经投入了不少资金，也没有足够的资金再去寻找其他场地了。

仓促与盲目地创业，使得困难接踵而至，除了场地问题，销路问题也让李某烦恼不已。本来以为都是塑料加工企业，亲戚能在销售上帮忙，可是李某选择的是生产塑料编织袋，和亲戚的塑料袋加工不一样，亲戚根本不能提供任何帮助。他这才发现，凭自己的能力并不能顺利销售产品。

李某的创业很快走进了死胡同，这让他认识到盲目创业最终是无法成功的。

因人因时因地而不同，创业成功取决于丰富的社会经验和对市场的把握。如果前期对市场需求情况不了解，没有谨慎选择进货渠道，也没有对创业风险和竞争策略有所预期，必然会导致失败。

四、正确对待创业过程中遇到的挫折

【案例故事】

蒋某和方某是大学同学，蒋某学的是法学专业，方某学的是电子信息专业。

两人双双进入某国际旅行社兼职。蒋某任外联经理，方某任业务经理，两人共同负责旅游市场的开发和经营。这段兼职经历对蒋某和方某二人影响很大：一是扩大了他们的交际网，初步积累了社会经验；二是旅行社内部浓厚的团队精神及创业激情深深打动了他们，从那时起，一颗创业的种子悄悄在这两个热血青年的骨子里萌发了。

当蒋某把心中的梦想告诉方某时，二人一拍即合，随即决定创办一家广告策划公司，创业目标锁定后，蒋某和方某开始忙碌起来。为了系统地了解财务和管理方面的知识，连续3个月，除了搞些市场调查，大部分课余时间都泡在了书店里。同时，他们也开始通过各种途径物色合作伙伴。经过挑选，由6名"勇士"投资5万元的广告策划公司成立了。

公司成立伊始，创业者们纷纷表示对公司未来充满信心。但是，热情并不能消除困难。虽然得到社会各界的帮助和支持，但由于缺乏成熟的企业管理能力和开拓市场的经验，角色的突然转变使这些大学生们感到现实和创业激情碰撞的"阵痛"。

尽管公司根据股东们的课程表统筹安排，规定在没课且完成学习任务的前提下实行轮班制，可是公司里繁杂的事务和学校里繁重的学习任务使他们焦头烂额，两位股东杜某和郑某不久就以"学习工作两难兼顾，时间无法妥善支配"为由撤出了股份。后来，在公司接到的10多笔订单（其中不乏上百万元的大订单）中，由于种种原因，公司竟一笔订单都没有完成。终于另外两个重要股东王某和方某也动摇了，他们相继向蒋某提出了退股的要求。3个月之后，公司面临解体，蒋某只好决定从租来的办公场所里悄然撤离。

创业本来就面临着诸多困难，在校大学生创业更是如此，既有经营方面的挑战，又有学业方面的压力。因此，在校大学生创业时应充分考虑人员结构，保证团队成员都能够把大部分时间和精力投入到创业中。

五、大学生创业必经三大"阶梯"

1. 体验创业

投资是一项系统工程，创业者要克服急功近利的思想，绝不可杀鸡取卵。在进行投资时，应将资金分批次、分阶段投入，尽量避免一次性投入，以防止万一环境发生变化，手中却无资金可以周转，从而导致企业倒闭。

所谓体验创业，就是大学生通过低成本、低风险的个人投资用一种体验的态度和心情进行创业实践活动，逐步增强社会认知，感悟自身价值。

2. 学习创业

拥有体验创业的经历之后，不再想创业的大学生就可以寻找自己喜欢的工作，真正有兴趣继续创业的大学生则要进入下一阶段——学习创业阶段。这个阶段的主要任务是学习创业知识、挖掘创业天赋、明确创业方向。

3. 实践创业

创业是一项充满挑战的事业，一个具有创业愿望的大学生最终能否走上成功创业之路，与他是否相信自己可以在激烈的竞争中胜出有着直接的关系。大量事实证明，大学生的实践创业将有效地激发大学生的智慧潜能，能有效地促进大学生的社会适应能力。在经历了实践创业之后，无论成败，大学生都将拥有值得终身珍视的人生财富。这对于大学生未来获得事业的成功、家庭的幸福、人生的快乐，都将具有无与伦比的价值。

总体而言，体验创业、学习创业与实践创业是大学生成功创业的 3 个阶段。每两个相邻的阶段是前后相连的，一环扣一环。

【案例故事】

放弃高薪职业的大学生农场主

焦阳阳大学毕业后顺利进入一家大型企业工作，但每天朝九晚五与平淡无奇的生活让焦阳阳渐渐感到迷茫。

对未来的生活渐渐失去热情的时候，焦阳阳想到了回到家乡农村创业。他回忆起在比利时出差时看到的很多家庭农场，它们用自动化程度很高的机械设备运作。农场主依靠技术过得轻松又快乐，这与家乡人的劳作情形相比，有着天壤之别。焦阳阳的梦想是开办一家比利时式的农场。

焦阳阳回家创业得到了所在乡镇的大力支持。经过对村民做工作，他从 3 个村民小组的农民手里流转到一大片土地，托管农民责任田。他和大学一位学农的同学共同参股，一起谋划生产，投入资金 30 多万元，添置机械设备，组建了种植专业合作社，还聘用了当地 20 多位农民前来打工。

创业之路从来不是一帆风顺的。第一道难题是大片农田病虫害的防治——沿用传统的治虫方法，根本来不及治，且人工喷药并不安全。焦阳阳运用自己所学的专业知识对无人机喷药控制系统进行升级改造，优化农药喷洒系统，喷药时间大大缩短，3 个人合作，只需要一天半时间就能喷完整个农田的农药。不仅如此，与人工在田间来回走动喷药防治的方式相比，这样还不会伤害庄稼。

焦阳阳经常回母校，向农学专业教授请教关于农业种植和农业机械方面的技术知识。2016年，焦阳阳与广州一家科技有限公司深度合作，通过代理的形式对外销售、租赁植保无人机，同时提供飞防植保服务和培训服务，让更多的农户享受到自主飞行的智能植保无人机精准喷洒和高效作业带来的实惠。与此同时，焦阳阳在当地县农委的支持下，拓展"互联网＋农业"创新发展模式，投入30万元注册成立了一家电子商务有限公司。这家公司在网上销售稻谷，全年销售粮食收入130万元，年利润达30万元左右，并吸纳当地40人就业。

如今，焦阳阳的创业已经走上正轨。在提高产量的同时，他正在谋划提高粮食质量，种植黑色大米、优质香米，从事粮食加工，由过去卖稻谷变成卖优质生态米。焦阳阳还申请注册了农业植保专业合作社，利用无人智能飞机为全国各地农民种田提供防病治虫服务，将更多的种田人从繁重的劳作中解放出来。

实战演练

考察一项可行性创业项目，尝试拟订一份创业计划书。

思考训练

思考大学生在创业初期应作好哪些准备？创业应具备哪些能力？

项目十 公 考 技 巧

项目描述

　　长期以来，公务员录用一直都是采取公平、平等、择优的纳新机制，加之公务员职业相对稳定、社会地位高、工资福利有保障、学习培训机会多、发展空间大，在近年来就业的巨大压力下，随着越来越多的人加入考公务员的队伍，国家及地方的各类公考成了名副其实的"天下第一考"，报考公务员成为众多大学生求职就业的首要选择。公务员已然成为青年人的择业新宠，正日益成为大学生的理想职业。

任务目标

　　能力目标：了解学科知识形成的过程，学会发现问题、思考问题、解决问题的方法，学会学习。

　　知识目标：学科的基本知识和比赛面试的技巧。

　　素质目标：培养大学生笔试、面试的能力，分析和解决问题的能力。

任务描述

知识准备

一、笔试的准备和种类

　　笔试通常应用于大规模的员工招聘中，可以帮助用人单位在较短的时间内了解求职者的基本情况，然后划分出一个基本符合要求的界限。

（一）笔试的准备

　　了解笔试的相关知识和技巧，可以帮助求职者从容应对、取得好成绩。一般来讲，在进行笔试的准备时应注意以下三个方面。

　　（1）平时认真学习：良好的笔试成绩来自于平时的努力学习。大学学习的不仅仅是专业课，更多在于平时各方面知识的学习与积累以及对社会信息的了解。课堂学习只是大学学习的一部分，平时的积累也是非常重要的。

　　（2）进行必要的复习：复习已学过的知识是准备笔试的重要方式。从考试准备的角度讲，知识可以分为靠记忆掌握的知识和靠不断应用掌握的知识，用人单位比较重视考查求职者对所学知识的应用能力。一般来说，笔试都有大体的范围，求职者可围绕这个范围翻阅有关的图书资料，并注意灵活运用知识解决实际问题。

　　（3）保持良好的身心状态：参加笔试需要良好的心理素质。求职者在临考前，一要正确评价自己，树立自信心，调整好心理状态；二要保持充足的睡眠，可以在考试前参加一些文体活动，使高度紧张的大脑得到放松休息，以充沛的精力参加笔试。

　　笔试内容具有不确定性，因此求职者应深入复习。同时，求职者可以通过模拟考试训练自己的答题速度，还可以站在用人单位的角度来思考可能出现的考题。

（二）笔试的种类

根据考核的方向和内容不同，笔试一般可以分为专业考试、心理测试、技能测验、命题写作 4 种类型。

1. 专业考试

这种考试主要是为了检验求职者的专业知识水平和相关能力。一般用人单位通过大学毕业生的成绩单就可以大致了解其知识水平，但有一些专业性要求较高的岗位，需要通过笔试的方式对其专业水平进行考查，这种考查方式已被越来越多的用人单位所采用。如外贸公司及外资企业招聘职员要考外语、金融单位要考金融专业知识、公检法机关录用干部要考法律知识等。

2. 心理测试

心理测试一般是要求求职者完成事先编制好的标准化问卷。通过心理测试，用人单位可了解求职者的态度、兴趣、动机、智力、个性等，还可以考查求职者的观察能力、综合分析能力、思维反应能力等。

3. 技能测验

技能测验实际是考查求职者的动手能力和实践能力，如考查操作和使用计算机的能力、英语会话和阅读能力以及财会、法律、驾驶等方面的能力。

4. 命题写作

用人单位通过论文或公文写作考查求职者的文字表达能力及分析归纳能力。如限时写出一份会议通知、请示报告或某项工作总结等，也可能提出一个论点，让求职者予以论证或辨析等。

二、笔试的方法和技巧

大学毕业生在进行笔试时，可采用一些方法和技巧来提高自己回答问题的正确率，并消除紧张情绪。

（一）增强自信心

缺乏自信心往往会导致大学毕业生怯场。大学毕业生应客观冷静地对自己进行正确评估，克服自卑心理，增强自信心。其实公务员笔试与高考不同，高考就像"一锤定音"，而参加公务员笔试往往会有多次机会，因此没有必要过分紧张。应适当放松心情，调整好精神状态去应试。

（二）掌握科学的答卷方法

笔试与在校期间进行的考试一样，有一定的答卷方法。掌握科学的答卷方法，可帮助提高笔试成绩，一般来说科学答卷的方法如下。

（1）通览试卷。大学毕业生在拿到试卷后，首先应通览一遍，了解题目的数量和难易程度，然后按照先易后难的原则安排答题顺序，以便掌握答题进度、合理安排答题时间。

（2）难题及易错题的处理方法。不要被难题所困而耽误时间，最后要尽可能留出时间对易错的地方进行复查，注意不要漏题。

（3）卷面效果。答题时行距和字不宜太小，卷面字迹要力求清晰。

（4）答题态度端正。笔试不同于其他专业考试，有时招聘单位并不仅仅在意大学毕业生考分的高低，其认真的态度、细致的作风、新颖的观点也会大大增加被录用的可能性。

【知识链接】

一些经典笔试试题

笔试是一种用以考查求职者特定知识情况、专业水平和文字运用能力的一种书面考试。许多大公司在招聘时都会采用笔试的形式。下面是一些经典笔试试题，题目设置得很巧妙，对于求职者的逻辑能力、思维能力都是很大的挑战。

（1）有10筐苹果，每个筐里有10个，共100个。其中9筐中每个苹果的质量都是0.5kg，另一筐中每个苹果的质量都是0.4kg，但是外表完全一样，用眼睛或手无法分辨。请问：如何用一台普通的大秤一次就把这筐质量轻的苹果找出来？

答案：从第1筐中拿出1个，第2筐中拿出2个，……，第10筐中拿出10个，将它们一起放在大秤上称，如果每个苹果是0.5kg，就应该是27.5kg。假设称出是27.4kg，则说明从第1筐中拿出的苹果是0.4kg，也就是说第1筐的苹果是0.4kg的。如果称出是27.3kg，也就是说差0.2kg，而又只有一筐苹果中的每个都是0.4kg的，所以一定是第2筐中拿出的两个苹果是0.4kg，也就是说第2筐的苹果是0.4kg的。按这样推理下去即可找出质量轻的那筐苹果。

（2）有一堆绳子，这些绳子粗细长短各不相同，每一根绳子本身各处的粗细长短也各不相同。但是每根绳子的燃烧时间都是60s，请问：如何测量15s的时间？

答案：要实现这一目标，必须分3步走。第一步，同时点燃任意两根绳子，第1根绳子点燃两头，第2根绳子点燃一头；第二步，第1根绳子烧完后，点燃第2根绳子的另一头，让两头同时燃烧，并开始计时；第三步，在第2根绳子烧尽时停止计时，即可得到15s的时间。

（3）有一堆垃圾，规定要由张、王、李3户人家共同清理。张户因外出没能参加，留下9元钱作为代劳费。王户上午起早干了5h，李户下午接着干了4h刚好干完。假设张、王、李3户清理垃圾的效率相同，请问：王户和李户应怎样分配这9元钱？

答案：不能简单地认为王户应得5元，李户应得4元。不加分析而想当然办事往往会出现错误。应该知道，王、李两户所做的工作中，除帮张户外，还有他们自己的任务。很明显，每户的工作量为3h。王户帮张户干了2h，李户帮张户干了1h，王户帮张户的工作量是李户帮张户的2倍，得到的报酬当然也应该是李户的2倍，因此，王户应得6元，李户应得3元。

（4）一位死刑犯就要被行刑。行刑官对死刑犯说："你知道我将怎样处决你吗？猜对了我可以让你死得好受些，给你吃个枪子。要是你猜错了，那就对不起了，请你尝尝绞刑架的滋味。"行刑官想："反正我说了算，说你对你就对，说你错你就错。"没想到死刑犯的回答，使行刑官无法执行死刑，这个死刑犯绝处逢生。这个死刑犯是怎样回答的？

答案：死刑犯说："我将要上绞刑架。"这是一个不对不错的答案。如行刑官说错了，那犯人将上绞刑架，那犯人就说对了；行刑官要是说对了，那犯人要吃枪子，那犯人就说错了。

(5) 从前，有个很有钱的人家。正当全家为新的小生命即将降临而欢喜之际，丈夫却突然得了不治之症。临终前留下遗嘱："如果生的是男孩，妻子和儿子各分家产的一半。如果是女孩，女孩分得家产的1/3，其余归妻子。"丈夫死后不久，妻子就分娩了。出乎意料的是，妻子生下一男一女双胞胎，这下妻子为难了，这笔财产该怎样分呢？

答案：按法律的规定继承。丈夫的遗嘱是附条件的，但其条件并没有实现，所以不按遗嘱继承，而应当按照法律的规定继承。家产先分给妻子一半（夫妻共同财产），剩余的一半，由妻子和一双子女平均继承。即妻子得家产的2/3，子女各得家产的1/6。

三、国家公务员录用考试

国家公务员包括笔试、面试两部分。下面分别介绍这两种考试的测试内容及注意事项。地方不同，国家公务员考试的笔试科目也各有不同，但主要的笔试科目一般为"行政职业能力测验"和"申论"，对部分职位还设置了专业课。

（一）行政职业能力测验

行政职业能力测验主要是通过测试一系列心理潜能，预测应试者在行政职业领域内多种职位上取得成功的可能性。这种考试测验的是一个人在多年生活、学习和实践中积累形成的能力，是一种考查应试者基本潜在能力的考试。

行政职业能力测验具有题目涉及面广、题目数量多、答题时间紧的特点，这主要是行政职业能力测验的内容决定的。行政职业能力测验的内容分为5大部分，即言语理解与表达、数量关系、判断推理、常识判断、资料分析。

(1) 言语理解与表达。言语理解与表达主要考查应试者对言语的理解与运用能力，主要有选词填空、语句表达和阅读理解3种题型。

(2) 数量关系。数量关系主要考查应试者的计算能力，常见的题型有数字推理、数学运算等。

(3) 判断推理。判断推理主要是对应试者的逻辑推理判断能力进行测试，主要有图形推理、判断类比推理、逻辑判断3种题型。这一部分在整个测试中占有重要地位。

(4) 常识判断。常识判断主要考查应试者的基本知识及运用这些知识分析判断的基本能力，涉及政治、经济、法律、历史、文化、地理、环境、自然、科技等方面。

(5) 资料分析。资料分析主要考查应试者对各种形式的文字、图表等资料的综合理解与分析加工能力。这部分内容通常由统计性的图表、数字及文字材料构成。

行政职业能力测验均为客观题，考试时限一般为120min，满分为100分。题量较大。要想得到比较满意的分数，应试者必须拥有较强的阅读能力，且平时要多看多练，总结不同类型问题的考查方式。行政职业能力测验的考题一般不太难，难的是要在有限的时间内完成这些题目。

国家公务员考试网是一个综合性的、专门发布公职类考试资讯信息的平台，它的信息覆盖广，是考生报考公务员和参考学习的重要平台。除此之外，一些省市也设有专门的公务员考试网，如四川公务员考试网等。

（二）申论

申论主要是根据指定的材料进行分析，提出见解，并加以论证。它主要考查应试者对给定材料的分析、提炼、加工能力，考查应试人员的阅读理解能力、综合分析能力、提出问题和解决问题的能力。申论是带有模拟公务员日常工作性质的能力测试。

1. 申论题型

申论的题目全为主观题，考试时限一般为 180min。申论的试题一般没有标准答案，但它与作文也不完全相同。作文主要考查写作能力，申论还兼考查分析概括能力、解决问题的能力等。申论一般是在试卷中给出一段阅读材料，然后提出以下 4 类问题。

（1）文章反映的问题或背景是什么？分两点或三点进行描述。

（2）根据反映的问题找到原因。

（3）根据原因提出相应对策（要和原因顺序一致，要提到贯彻以人为本、执政为民、统筹全局、维护社会和谐稳定等思想的国家相关政策）。

（4）给定题目写文章或自拟题目写文章。

2. 答题要领

虽然申论的阅读材料具有多样性和不重复性，但解答这类题目也是有一定方法要领的。回答问题时，可按照以下顺序进行。

（1）确立中心议题。应试者在下笔之前，大脑里一定要有一条清晰的主线，也就是中心议题。这样可以为搜集和选择材料提供方向，有助于节约时间，从而提高答题效率。

（2）根据中心议题来确立论点。论点不宜过多，且安排也应有主次之分，尽可能将重要的论点放在前面，次要的论点安排在后面。

（3）论据是非常关键的，针对性是论据选择的首要准则和要求。应试者应从说明或证明论点的需要出发，选择能够强化所提论点的材料作为论据，使这些论据能够有效证明论点。在进行申论科目答题时，首先要注意逻辑，内容不能相互矛盾和冲突，应避免层次不清、语无伦次的现象；其次，要注意理论联系实际，并运用这些理论来对现实事物作出解释；最后，应注意呼应主题，使论点更加突出。

四、面试

面试是公务员考试中必须经历的另一项测试，它以考官与面试者的面对面交谈及对面试者的观察为主要手段，测评面试者的专业知识与综合能力。

（一）面试的类型

目前我国的公务员面试一般采用结构化面试形式，少部分省（市）采用无领导小组讨论的形式。其特点分别如下。

（1）结构化面试。结构化面试也称标准化面试，是指考官按照事先制订的面试提纲的问题——发问，并记下面试者的回答，然后依据一定的方法和标准对面试者进行评价。它具有严谨的特点，面试结果比较准确和可靠。

（2）无领导小组讨论。无领导小组讨论主要是给一组面试者（一般是 5~7 人）一个与工作相关的问题，让面试者进行一定时间（一般是 1h 左右）的讨论。考官不给面试者指定特别的角色，也不规定谁是领导，而是让所有面试者自行排位、组织。考官通过面试者的活动安排，观察每个面试者的表现，来对面试者进行评价。

（二）结构化面试方法和技巧

结构化面试是公务员考试中主要的面试形式，它主要考查面试者的举止仪表、言语表达能力、计划组织协调能力、应变能力和综合分析能力 5 项基本能力，具体要求分别如下。

（1）举止仪表。要求面试者精神状态饱满，穿着打扮端庄得体、衣冠整洁，符合公务员工作特点和面试考场环境。言谈举止尽可能神情自若、以笑达意、以眼传神，同时要注意礼节及与考官的谈话态度。

（2）言语表达能力。要求面试者回答问题尽量用普通话，声音洪亮，言语表达准确简练，禁用口头禅。回答问题有条理，尽量用序数词，即第一、第二等，或用过渡词，如首先、其次等。

（3）计划组织协调能力。主要考查面对一件事情时，作为主导者的面试者是如何安排和计划的。面试者在回答时应注意计划的周密性、可行性，组织工作的条理性、灵活性，实施过程中步骤要严密、主次要分明。

（4）应变能力。考查面试者思考问题、解决问题的速度以及灵活性。这类题一般有两种类型，一是情景性题目，假设一个场景，面试者面临困难，在困难面前准备怎么办；二是非情景性题目，如给出 5 个词语，要求面试者组织一个小故事等。

（5）综合分析能力：考查面试者的综合分析能力和判断能力。这类题一般有三种类型，一是社会热点、焦点问题，如和谐社会建设、反腐倡廉、民生问题等；二是列出一种社会现象，询问面试者如何看待；三是结合面试者个人和考试本身命题，如考取公务员后准备如何开展工作等。不管是笔试还是面试，都要求应试者多关注政治和当前社会的热点问题，同时应试者要有高度的政治敏感性及较高的理论素养。

（三）无领导小组讨论方法和技巧

无领导小组讨论主要通过面试者的临场表现来反映面试者多方面的能力，考查内容主要有以下几个方面。

（1）举止仪表。主要包括面试者的体容体貌、穿着举止、精神状态等外在特征。

（2）与他人发生关系时所表现出的能力。主要包括面试者的沟通能力（包括语言和非语言）、说服力、影响力、团队精神等。

（3）思维分析能力。主要包括面试者对一件事情的理解能力、分析能力、推理能力、创新能力、信息的检索和使用能力等。

（4）个性特征和行为风格。主要包括面试者的自信心、独立性、灵活性。

（5）动机与岗位匹配性。主要考查面试者职位选择的最终目的，是否有奋斗目标，能否努力、尽职尽责等。

（6）应变能力。主要考查面试者解决突发事件的能力，是否能快速妥当地解决棘手问题。

（7）言语表达能力。主要考查面试者言语表达的流畅性、清晰性和说服性。

实战演练

　　找出前一年度各地区公考真题一份，完成笔试答卷。

思考训练

　　大学生在公考中，个人应作好哪些准备？